U0886016

精英家教课

中国家训

郄亚威 编 锄豆文化 绘

现代教育出版社
Modern Education Press

图书在版编目（CIP）数据

中国家训 / 郄亚威编 ; 锄豆文化绘. -- 北京 : 现代教育出版社, 2025. 4. -- (精英家教课). -- ISBN 978-7-5106-9751-7

Ⅰ. B823.1

中国国家版本馆CIP数据核字第2025CX8590号

书　　名　精英家教课·中国家训

编　　者　郄亚威
绘　　者　锄豆文化
选题策划　冯小铨　徐　琰
责任编辑　冯小铨
封面设计　王淑聪
出版发行　现代教育出版社　邮编：100120
地　　址　北京市东城区鼓楼外大街26号荣宝大厦3层
电　　话　010-64252230（编辑部）
印　　刷　三河市祥达印刷包装有限公司
开　　本　710 mm × 1000 mm　1/16
印　　张　16
字　　数　200千字
版　　次　2025年4月第1版
印　　次　2025年4月第1次印刷
书　　号　ISBN 978-7-5106-9751-7
定　　价　69.80元（全2册）

版权所有　翻印必究

目录

趣学家训，读懂中国智慧。

第一章　守德修身

第二章　读书学习

第三章　社交原则

第四章　身心健康

第五章　生活习惯

第一章 守德修身

趣学家训，读懂中国智慧。

壹

家训关键词 放纵浮躁

淫慢则不能励精，险躁则不能治性。

（选自诸葛亮《诫子书》）

译文

放纵懈怠就无法振奋精神，轻薄浮躁就不能修养性情。

解读

“淫慢”指过度懈怠与散漫。一个人如果陷入这种状态，就会丧失积极进取的动力，无法振奋精神去追求高远的目标，学业就会停滞不前。“险躁”即轻薄浮躁、急于求成。一个人如果陷入这种状态，就会被情绪左右，难以修养心性，做事缺乏定力与恒心，容易半途而废，甚至可能在冲动之下做出错误决策，导致人生偏离正轨。这句话告诫我们要摒弃懈怠与浮躁，保持勤勉、沉稳的态度，才能修身立志，成就人生。

刘琰：放纵浮躁引灾祸

蜀汉时的刘琰，早年间追随刘备，资历颇深。但他并没有治国安邦的真才实干，只凭借与刘备的旧情获封了高位，从此越发放纵。

刘琰生活奢靡淫慢，出行时乘坐华丽的马车，还配有数十名貌美的婢女，一路歌舞相伴。他常常得意地说："我追随先帝多年，享受此等荣华富贵，是理所当然的。"所以他每日不是与友人宴饮作乐，就是高谈阔论玄虚之语，对蜀汉的政务从不关心。

听说诸葛亮北伐，他说风凉话："北伐哪有那么容易，恐怕只会劳民伤财，白费力气。"言语间尽显为人的浮躁和对国家大事的轻视。

234 年正月，刘琰的妻子胡氏进宫向太后恭贺新春，太后特意留下胡氏住了一些日子。胡氏容貌美丽，刘琰便无端猜忌妻子行为不端，不问青红皂白便将她打得皮开肉绽，还把她休了。胡氏觉得冤枉，便告发了刘琰。

蜀汉法度严明，刘琰的这般行径，严重扰乱了社会秩序，必然受到惩罚。果然，刘禅得知后勃然大怒，下令将刘琰斩首了。

刘琰因为平日的骄奢放纵，养成了浮躁乖戾的性情，最终招来了杀身之祸，实在令人唏嘘。

君子力如牛，不与牛争力；走如马，不与马争走；智如士，不与士争智。

（选自姬旦《诫伯禽书》）

译文

有德行的人即使力大如牛，也不会与牛竞争力的大小；即使飞跑如马，也不会与马竞争速度的快慢；即使智慧如士，也不会与士竞争智力高下。

解读

这句话蕴含着深刻的为人处世的智慧。君子不争，是因为君子有更高的追求与境界，他们明白自身价值并非靠单纯逞强斗能来彰显。争强好胜往往会引发无谓的纷争，白白消耗自己的精力。只有不去和别人进行无谓的比较时，才能把更多的精力放在自己身上，真正实现个人的不断成长与进步。

庄子的谦逊之德

庄子生活在战国时期，他才学渊博，能言善辩，思想深邃，可谓“智如士”。

一天，庄子在山林中遇到了一位隐者。隐者久居山林，对各种草药的特性和鸟兽的习性都非常了解，经常帮村民解决各种难题，所以很受村民的尊重和敬仰。

众人都以为庄子与隐者相遇，一定会有一场智慧的较量。然而，庄子只是平和地与隐者交谈，并向隐者询问山林间的趣事与养生之道。

当隐者向庄子请教对天地之道的见解时，庄子也并没有滔滔不绝地卖弄学识，而是用通俗易懂的话语分享自己的感悟，还谦逊地表示隐者与自然相伴，对自然之道的理解更为质朴、真切，交谈中自己也有所收获。

有个徒弟疑惑地问庄子：“先生，您的智慧比一般人厉害多了，为何不和那位隐者比一比，分出个高低呢？”庄子笑着回答说：“隐者在山林间体会到的智慧，是我没有的。我这点学问本事，没必要去跟别人争个长短。”

从这以后，庄子常常把山林中自然的智慧融合到自己的思想里，让自己的学说变得更有内涵、更深刻。

真正有智慧的人，不会因为自己的才能而骄傲自满，只有谦虚、包容，才能让智慧不断提升，才能在人生道路上走得长远。

持躬不可不谨严，临财不可不廉介。

（选自钱镠《钱氏家训》）

译文

要求自己时不能不谨慎严格，面对钱财时不能不廉洁耿介。

解读

平时要注重自身修养，做到行为谨慎、品德高尚，在面对钱财等物质利益时，要坚守原则。这是一种对个人道德品质的严格要求，也是一种值得追求的处世原则。

杨震拒金：慎独守廉的典范

东汉时期，有位名叫杨震的官员，他学问渊博，为人正直，备受人们敬重。

杨震曾举荐王密为昌邑县令。一天，杨震因公事途经昌邑，王密得知后，深夜怀揣十斤黄金前来拜访。王密恭敬地说："恩师，当年若无您举荐，我断无今日。这点心意，聊表感恩，还望您笑纳，且夜深无人知晓。"

杨震脸色一沉，严肃地说："天知，地知，我知，你知，怎会无人知晓？"王密一听，羞愧难当。杨震接着语重心长地说："我举荐你，是因为看重你的才能，盼你为百姓谋福祉，而不是图你的回报。一旦开了这个口子，便会陷入贪欲的泥潭，再难自拔。"

王密羞得满脸通红，带着黄金匆匆离去。此后，他以杨震为榜样，清廉为官。而杨震一生坚守廉洁底线，无论面对多大的诱惑，始终不为所动。哪怕家境清寒，家人抱怨，他也没有动摇过"慎独"之心，绝不利用职权谋取私利。

后来，杨震拒金之事不胫而走，成为美谈，警示后人在无人监督时更要严于律己。面对钱财诱惑时，廉洁奉公才是正道，如此方能在历史长河中留下清正之名。

家训关键词 贪欲、嫉妒

不见利而起谋，不见才而生嫉。

（选自钱镠《钱氏家训》）

译文

不要见到利益就产生图谋之心，不要见到别人有才能就心生嫉妒。

解读

面对利益的诱惑，不应心怀算计、不择手段地去争抢。真正的德行，是在利益面前能保持清醒与克制，不被贪欲蒙蔽心智。当他人才能出众时，不要心生嫉妒，要把他人的才能看作一种激励自己的动力，激发自己的上进心，努力提升自己。

鲍叔牙的君子之德

春秋时期，齐国的管仲与鲍叔牙合伙做生意。在分利时，管仲总是多拿一些。旁人见了，都为鲍叔牙鸣不平，觉得管仲贪婪自私。

然而鲍叔牙毫无不满之意，反而处处维护管仲。他说："管仲家境贫寒，又有老母需要奉养，他多分得一些财物是应当的，并非出于贪欲。我与他合伙，本就信任他，大家莫再非议了。"

后来，齐国的政治风云变幻，公子纠与公子小白为争夺王位展开了激烈的角逐。鲍叔牙和管仲分别辅佐公子小白和公子纠。在一次冲突中，管仲带兵阻击公子小白，还用箭射中了他的衣带钩。公子小白佯装中箭倒下，从而迷惑了管仲与公子纠，最终抢先回到齐国即位。公子小白便是齐桓公。

齐桓公登基后，欲杀掉管仲，以解心头之恨。此时，鲍叔牙站了出来，他神色凝重而诚恳地向齐桓公进言："管仲有经天纬地之大才，其才能远超于我。若君上能摒弃前嫌，重用管仲，齐国必能在他的辅佐下国力大增，成就霸业。"鲍叔牙言辞恳切，没有丝毫嫉妒之心，他一心只为齐国的长远发展考虑。

齐桓公最终听从了鲍叔牙的建议，重用管仲。管仲也不负所望。在他的辅佐下，齐国国力大增，齐桓公成为春秋五霸之一。而鲍叔牙的高尚德行也被广为传颂。

受人之恩，常在吾怀，每见其人，常怀敬畏。

（选自袁采《袁氏世范》）

译文

得到别人的恩情，总是记在我的心中，每次见到施恩之人，内心常常怀有敬重与畏惧。

解读

对身边的人和事心怀感恩的人，更能发现生活的美好。敬畏施恩者，能让我们保持谦逊与敬意，进而懂得回馈，是对他人善意的珍视。人贵在知恩图报，懂得饮水思源的人，在人际交往中更能赢得他人的认可，人生之路也会越走越宽。

韩信感恩漂母

秦末汉初的韩信，出身于一个贫寒之家，早年生活困窘，常常连基本的温饱都难以保障。

为了填饱肚子，韩信常在淮阴城下的淮水边钓鱼。然而，他的钓鱼技术并不高明，常常一无所获。在他旁边，有一位漂洗丝絮的老妇人，人称“漂母”。漂母见韩信饥饿难耐，心生怜悯，就把自己的饭菜分出一点给他。后来，漂母每天来漂洗丝絮时，都会带上一些食物给韩信吃。就这样，日复一日，漂母的救济持续了很长时间。

韩信对漂母充满了感激之情，就对她说：“等我将来成功了，一定重重报答您！”漂母听了，十分生气地说：“堂堂男子汉，不知道勤奋努力，连自己都养活不了，还说什么回报！再说了我这么做，也不是为了得到你的回报！”

韩信听了很惭愧，不再像过去那样混日子。后来，韩信凭借自己卓越的军事才能，投身军旅。在历经众多坎坷之后，他加入了刘邦的起义军队，随刘邦南征北战，立下不少功劳，最终被封为楚王。

韩信功成名就之后，没有忘记漂母的恩情，派人四处寻找漂母。韩信找到漂母后，以最隆重的礼节相待，并赠送漂母千金。韩信敬畏漂母的善良与慈悲，感恩她在自己最艰难的时候给予的支持与帮助。

家训关键词 谦逊、宽容

能下人，是有志；能容人，是大器。

（选自王阳明《示宪儿》）

译文

能够放低姿态、谦逊地对待他人，这是有志向的表现；能够宽容大度地包容别人的缺点、过错等，这是有大器量的体现。

解读

“能下人”并非卑微屈膝，而是在面对比自己强的人时，懂得谦逊礼让，主动放低姿态。这是胸有大志的体现，也是为未来积蓄能量。“能容人”更是一种非凡气度。以宽容之心待人，可以为自己拓宽前路。拥有宽容之心的人，往往具备非凡的人格魅力与领导力，也会成为大器之才。

王安石与苏东坡：一笑泯恩仇

北宋年间，王安石主持变法，力求革新朝政、富国强兵。苏东坡为人正直，对变法中的一些弊端直言不讳，因而触怒了王安石，苏东坡因此被一贬再贬。

1079 年，苏东坡因“乌台诗案”被捕入狱，性命堪忧。王安石虽然已经退隐江宁，却毅然挺身而出，上书神宗皇帝为苏东坡求情。最终苏东坡被免去死罪。

苏东坡获赦后，专程前往江宁拜会王安石。王安石亲自到江边迎接他，两人携手漫步，共赏江宁山水。一路上，苏东坡感慨万千，提及昔日的针锋相对，面露愧色:“子瞻昔日懵懂，多有冒犯，望荆公海涵。”王安石摆摆手，微笑着说：“过往不过政见不同，你之才情、风骨，老夫向来钦佩。况且黄州一行，让你佳作频出，倒成全了你。”说罢，二人相视大笑。几天下来，他们谈诗论文，切磋技艺。曾经朝堂上的对手，此刻尽弃前嫌，在文学的天地里找到了共鸣。

两位大家在政治风云变幻中，能以宽宏之心包容彼此，在文学与人生的道路上相互映照，成就了一段惺惺相惜的美谈。他们用行动诠释，宽容不仅是一种胸怀，更是一种智慧，能让恩仇消散，让才华绽放光芒。

勿以恶小而为之，勿以善小而不为。

（选自刘备《遗诏敕后主》）

译文

不要因为坏事很小就去做，也不要因为好事很小就不去做。

解读

这句话出自刘备的遗诏，是为人处世的至理名言。它告诫人们，不要因为恶行看似微不足道就去做，小恶积累起来，会侵蚀人的心灵，逐渐让人丧失良知，甚至可能引发更大的灾祸。同时，也不要轻视微小的善事，一个微笑、一句问候、一次搀扶，这些点滴善举，不仅能给他人带去温暖，日积月累，还能塑造美好品格，汇聚成推动社会进步的强大力量。

叶圣陶：小善育大德，习惯筑人生

我国著名教育家、文学家叶圣陶，一生重视小善，尤为注重培养良好的生活习惯，于细微之处见真章，影响深远。

叶圣陶在教育子女时，就从细微处着手。他要求孩子吃饭时，食物要吃干净，不能浪费。有一次，孩子吃饭时将米粒撒在了桌上，叶圣陶见了，轻轻捡起，放入口中，严肃又温和地说："每粒粮食都来之不易，要珍惜。"从那以后，孩子养成了珍惜粮食的好习惯。

在写作上，叶圣陶同样强调细节上的习惯。他教导学生写文章不可忽视标点的作用，一个标点用错，意思可能就变了。而他自己写作时，对标点的使用也极为严格，会反复斟酌，力求精准无误。在他的言传身教下，学生们对待文字多了几分敬畏与虔诚，并渐渐养成了严谨的写作习惯。

日常生活中，叶圣陶还会重视诸如随手关灯、爱护书籍之类的小事。他的书房里，各类书总是被摆放得十分整齐。每次翻阅后，他都会立刻把书放回原位。他常说，爱护书籍，知识才愿意亲近你。

叶圣陶通过重视小善和培养习惯，不仅影响了家人、学生，更为后世留下了宝贵教育理念，也让我们懂得，在生活细微处用心，方能收获人生的大格局。

家训关键词 尊重父母

重资财，薄父母，不成人子。

（选自朱用纯《朱子家训》）

译文

看重钱财，却轻视父母，就不配做子女。

解读

当一个人将金钱、财物视为重中之重，在追逐财富的过程中，为了积攒更多资财，忽视对父母的关爱、陪伴与赡养，甚至不舍得付出，那他就背离了为人子女应有的本分。钱财不过是身外之物，倘若眼中只有财富，而忘却了父母的养育之恩，就违背了基本的人伦道德。

李密：《陈情表》孝意深

三国时期，蜀汉有一位名叫李密的贤才。他幼年丧父，母亲改嫁，从此与祖母相依为命。祖母倾尽全力，从衣食住行到读书识字，给予了李密无微不至的关怀与呵护，把他养育成人。

李密自幼勤奋好学，才思敏捷，在当地颇有名气。蜀汉灭亡后，晋朝建立，晋武帝司马炎听闻李密的才名，便征召他入朝为官。这对于许多人来说，无疑是一个飞黄腾达的绝佳机会。然而，李密却陷入了两难境地。他明白晋武帝的征召是对自己的赏识，不应轻易拒绝；但他更清楚，祖母年事已高，身体虚弱，生活几乎不能自理，自己如果此时离开了，祖母恐怕要凄凉地度过余生。

于是，反复思量之下，李密写下了著名的《陈情表》，呈递给晋武帝。表中，他言辞恳切，详细叙述了自己悲惨的身世以及祖母对自己的养育之恩，表达了自己渴望尽孝，陪伴祖母度过晚年的强烈愿望。

晋武帝读完《陈情表》，被李密的孝心深深感动了，不仅没有怪罪他，反而准许他暂缓赴任，在家侍奉祖母。

然而，时光无情，尽管李密全心全意地尽孝，祖母还是在几年后离开了人世。李密悲痛万分，但他也庆幸自己没有因为功名利禄离开，而是坚守孝道，直到祖母生命的最后时光，仍陪伴在她身边，给予她应有的关爱与照顾。

家训关键词 换位思考

人有喜庆，不可生妒忌心；人有祸患，不可生喜幸心。

（选自朱用纯《朱子家训》）

译文

他人有了喜庆的事情，不能产生妒忌之心；他人遇到了祸患，不能产生幸灾乐祸之心。

解读

妒忌会蒙蔽双眼，让我们无法欣赏他人的优点，更难汲取奋进的力量来提升自己。当别人遇到困难时，不能幸灾乐祸，我们应换位思考，主动给予他人帮助。我们要学会以积极、善良、包容的心态对待他人境遇，不断提升自我修养，做品德高尚之人。

欧阳修：不妒贤能

北宋时期，文坛星光熠熠，其中作为前辈的欧阳修与后起之秀苏轼都是耀眼的明星。

苏轼才情出众，文章豪迈奔放，诗词清新脱俗，一时间声名鹊起。于是，许多人暗生妒忌之心，认为苏轼抢了大家的风头。然而，欧阳修看到苏轼的作品后，却大为赞赏，称苏轼是难得一见的奇才，日后必成大器。

有一次，朝廷举行重要的文学盛会，众多文人墨客齐聚一堂，都想一展身手。苏轼在会上吟诵了自己新创的一篇佳作，众人都惊叹不已。有人偷偷观察欧阳修的表情，只见他面带微笑，眼中满是对苏轼这位后生的欣赏。会后，欧阳修还亲自找到苏轼，与他深入探讨诗词文章的创作之道，还给予他许多宝贵的建议和经验。

后来，苏轼因卷入政治风波，多次被贬谪到偏远的地方。在他身处危难之时，那些曾经妒忌他的人有的落井下石，有的冷眼旁观。而欧阳修虽然已年迈体弱，且自身也面临一些政治压力，但依然没有丝毫幸灾乐祸之心。他不顾他人的劝阻，多次上书朝廷，为苏轼辩解，力证苏轼的清白与才华，希望朝廷能够重新起用苏轼。

面对苏轼的“喜庆”与“祸患”时，欧阳修始终坚守善良、包容的人生信条。他的这种豁达与善良，不仅让苏轼对他敬重有加，也感染了文坛和官场的其他人，使当时的文学环境和官场氛围在一定程度上得以净化。

家训关键词 诚信

凡出言，信为先。诈与妄，奚可焉。

（选自李毓秀《弟子规》）

译文

凡是亲口说出的话，首先要讲究信用。欺骗和胡言乱语，怎么可以做呢？

解读

诚信是人与人交往的基石，一旦承诺，就应全力以赴去兑现，让对方感受到被尊重。而欺诈、虚妄之言绝不可取，说谎骗人或许能获一时之利，却会失去他人长久的信任，使自己陷入孤立无援的境地。在生活中，秉持诚信，无论是对待家人、朋友，还是对待同学，都能营造融洽的关系，让人生之路越走越宽。

商鞅：立木为信，一诺千金

战国时期，秦国的秦孝公力求变法图强，以改变积贫积弱的局面，于是颁布了求贤令，广纳天下贤才。

卫国人商鞅听说后，先后与秦孝公进行了三次会面。他详细阐述了自己的变法理念，从废除旧有的井田制到建立军功爵制，从加强中央集权到推行法治，每一项举措都直击秦国当时的弊病。秦孝公被商鞅的远见卓识深深打动，决定全力支持他变法。

然而，商鞅深知，变法成功不仅仅取决于国君的支持，更需要百姓的信任。于是，商鞅命人在都城咸阳的南门竖起了一根三丈高的木柱，并张贴告示："谁能将此木柱搬到北门，就赏赐十金"。消息传开后，百姓们纷纷围聚过来，却无人敢上前试一试。

商鞅见状，微微一笑，他明白百姓的疑虑。于是，他再次下令，将赏金提高到五十金。这时，一个年轻力壮的小伙子站了出来，他扛起木柱，径直向北门走去。众人簇拥着他来到北门，都想看看这场闹剧究竟会如何收场。商鞅早已在北门等候，当看到小伙子成功将木柱搬到北门后，当场赏赐给他五十金。百姓目睹这一幕，瞬间对商鞅信任有加。

之后，商鞅开始全面推行变法，秦国的军队战斗力日益增强；推行法治，秦国的社会秩序井然。秦国由此逐渐强大。

家训关键词 坚守和谐

是以圣人守和，以存以亡也。

（选自向朗《遗言诫子》）

译文

因此，圣人坚守和谐的原则，以此来应对生存与灭亡等各种情况。

解读

这句话强调了“和”的重要性和普适性，是一种在实际行动中需要始终坚守的原则。它提醒我们，无论是治理国家、管理家族还是修养个人品德，都要重视“和”。今天，“守和”的思想对于处理人际关系、解决矛盾纠纷以及应对各种危机等仍然具有重要的启示和借鉴意义。

单骑退回纥，以“和”保家国

安史之乱后，唐朝元气大伤，内有藩镇割据，外有吐蕃、回纥等强敌环伺。765 年，河北副元帅仆固怀恩唆使回纥、吐蕃举兵叛唐。于是，吐蕃与回纥合兵进犯大唐边境，一路势如破竹。朝廷上下人心惶惶。年逾古稀的郭子仪临危受命，挂帅出征。

然而，行军途中，唐军与敌军尚未正面交锋，便因内部军心不稳，流言蜚语四起，军队士气低落，战斗力锐减。郭子仪深知若强行开战，唐军必败无疑。于是，他当机立断，决定亲自奔赴回纥军营，化解这场危机。

郭子仪仅率少数随从，便毅然向着回纥大营进发了。当郭子仪抵达回纥营后，镇定自若地缓缓摘下头盔，露出饱经风霜却依然坚毅的面庞。回纥将士们见状，心中不禁充满了敬畏。郭子仪坦诚地与回纥首领交谈，他回顾了唐朝与回纥以往的友好情谊，并强调开战只会让亲者痛、仇者快。郭子仪言辞恳切，态度真诚，深深地打动了回纥首领。

最终，回纥首领选择与唐朝重归于好，还与郭子仪携手共同对抗吐蕃。就这样，郭子仪秉持“和”的理念，避免了一场战争，维护了家国的安宁。

趣学家训，读懂中国智慧。

第二章 读书学习

贰

家训关键词 注重实践

徒学知之未可多，履而行之乃足佳。

（选自孔臧《诫子书》）

译文

仅仅是学习知识，所收获的不会太多。只有亲自去践行所学的知识，那才是足够好的。

解读

知识如果不与实践相结合，就如空中楼阁，看似华美却根基不稳。只有将所学切实运用到生活、学习中，通过行动去检验、深化，才能真正领悟知识的精髓。知行并重，不仅能提升个人能力，还有助于将知识转化为解决实际问题的能力。

李时珍：知行合一的医道传奇

明朝的李时珍出身于医学世家，自幼受家庭环境的熏陶，对医学兴趣浓厚，而且熟读各类医书，积累了丰富的知识。

不过，李时珍深知，如果仅埋头苦读医书而不深入实践，便如同纸上谈兵。于是，他踏上了漫长的行医考察之路。他翻山越岭，足迹遍布大江南北，深入山林探寻各种珍稀药材，观察它们的生长习性。他走进市井乡村，广泛搜集民间的药方和治病经验，无论是老妪的土方，还是乡医的独特疗法，他都一一记录下来。

在实践过程中，李时珍发现古代医书中存在诸多谬误与不足。例如，在对曼陀罗花的探究中，发现古书上记载它有麻醉功效，但对它的使用方法、用量及毒副作用的描述却极为模糊且存在错误。李时珍通过多次走访民间医师与药农，得知曼陀罗花若使用不当会致人昏迷不醒甚至死亡。他亲自尝试不同剂量的曼陀罗花，详细记录身体的反应，最终明确了曼陀罗花安全有效的使用剂量与炮制方法，纠正了古医书的偏差。

经过多年的努力，李时珍结合自己所学的医学理论知识与大量的实践考察成果，编写出了医学巨著《本草纲目》。

李时珍的故事让我们明白，只有将读书学习与实践行动紧密结合，才能在追求真理的路上不断前行。

家训关键词 专注

夫学须静也，才须学也。

（选自诸葛亮《诫子书》）

译文

学习必须静心专一，而才干来自学习。

解读

在喧嚣嘈杂的环境中，人的注意力容易被分散，难以深入思考。只有心无旁骛，才能专注于知识的汲取。一个人天赋再高，若不保持学习的状态，其才能也会枯竭。只有持之以恒地学习精进，才能在生活的战场上淬炼出智慧利刃，在关键时刻锋芒毕露，从容应对各种挑战。

曾国藩：静以治学，学以成才

曾国藩生于清朝晚期，他自幼立志高远，心怀经世治国的抱负。

年少时，曾国藩求学于私塾，他虽家境富裕，但并没有沾染纨绔子弟的坏习惯。他时常找一个安静的角落，或在书房，或在庭院树下，伴着清风与墨香，沉浸在诗书之中。周围的喧闹似乎与他隔绝，他专注于对经、史、子、集的研读，逐字逐句地品味圣人之言，思索其中的微言大义。

为了锤炼心性，曾国藩给自己定下了“静坐”之法。每天清晨或夜晚，他都会静坐片刻，排除杂念，反思日间所学所思，总结自身言行的得失。这份在喧嚣尘世中坚守的静气，让他在学问上的造诣日益深厚。

曾国藩不仅专注于儒家经典的学习，还广泛涉猎兵法、历史、文学等领域。他深知，才华并不是单一学科所能成就的，需要博采众长，广泛学习。他研读《孙子兵法》，领悟军事谋略与战略布局；探究二十四史，以史为鉴，明察兴衰荣辱之理；品味唐宋诗词，汲取文学的滋养，丰富自身的内涵与修养。

曾国藩经受诸多挫折与磨砺，凭借多年的潜心学习与积累，最终通过科举之路步入仕途，成就了一番事业。他处理政务、治理地方，都能运用所学，提出独到的见解，成为晚清政府的中流砥柱。

曾国藩用自己的行动与成就向后人昭示，唯有在宁静中坚守对学问的追求，不断充实自我，才能成就非凡的才能与事业。

家训关键词 要有志向

非学无以广才，
非志无以成学。

（选自诸葛亮《诫子书》）

译文

不学习就无法增长才干，没有志向就无法使学习有所成就。

解读

人如果不学习，才能便难以增长。知识如广阔的海洋，持续学习才能汲取养分、拓宽视野，从懵懂无知走向博闻强识。志向是学习的动力源泉。如果没有坚定的志向，学习就容易半途而废。志向驱使我们在求知路上不懈前行，志与学相辅相成，二者兼备，才能踏上成才的通途。

方仲永：无志不学的陨落

北宋年间，金溪县有个叫方仲永的孩子，出身于普通家庭，却天赋异禀。五岁的时候，从来没有接触过笔墨纸砚的他，忽然哭着要这些东西。父亲十分诧异，但还是从邻居家借来纸笔。仲永当即写下四句诗，还题写了诗名。大概意思是要好好孝顺父母，团结亲戚。村里那些有学问的秀才看了，都很惊讶。

从此以后，不管指定什么东西让他作诗，他都能立刻写出来，而且写得很有文采。同县的人都觉得这孩子太厉害了，有的人还花钱请他写诗。方仲永名气越来越大，他的父亲就天天带着他在县里到处拜访别人，靠展示儿子的才华捞钱，压根儿不让他读书学习。

同村有个小孩叫李贤，没有方仲永聪明，但特别爱学习，一心想着以后能考取功名，给家里争光。他每天天不亮就起床读书，晚上也在昏暗的灯光下苦读，遇到不懂的，就赶紧向别人请教。

日子一天天过去，方仲永因为一直没有学习，知识匮乏，曾经的天赋逐渐消耗殆尽，作的诗也没有往日的光彩了。而李贤通过不断努力，学问日益精进，成为当地颇有名望的学者。

天赋固然重要，但若不付诸学习行动，即便起点再高，也终会一事无成，令人扼腕叹息。

家训关键词 专心

多为少善，不如执一；鼫鼠五能，不成伎术。

（选自颜之推《颜氏家训》）

译文

干得多而干好的少，那就不如专心干好一件事；鼫鼠有五种本领，却都难派上用场。

解读

一个人如果做很多事却每件都难以做好，那不如专注做好一件事。人的精力有限，分散开来往往只能浅尝辄止，无法达到精深的境界。就好比鼫鼠，能飞却飞不上屋顶，能爬树却爬不到树梢，能游泳却渡不过山谷，能挖洞却藏不住身体，能奔跑却跑不过人，看似多才，实则没有一样精通。这句话告诫人们，不要贪多求全，应找准方向，专注投入，才能在某一领域取得真正的建树，实现自我价值。

生僻字注音 鼫（shí） 伎（jì）

陈景润：专注攻克“哥德巴赫猜想”

20 世纪，数学领域的“哥德巴赫猜想”如一座巍峨的高峰，吸引了无数数学家攀登，陈景润便是其中执着的一位。

陈景润自幼就对数学痴迷，大学毕业后，更是毫不犹豫地全身心投入数论研究中。当时，国内科研条件艰苦，生活也不富足，但他毫不在意，他认定“哥德巴赫猜想”这一目标，心无旁骛地钻研。

为了能在这艰难的征程中有所突破，陈景润几乎放弃了所有娱乐活动。别人在休闲聊天，他在图书馆查阅资料；别人在享受假期，他在房间里推演公式。他的生活简单到极致，宿舍、食堂、图书馆，三点一线。在研究过程中，他遇到了无数难题，许多次推导都陷入死胡同，但他从不退缩。

1966 年，陈景润成功证明了“1+2”，这一伟大成果轰动了全世界，被尊称为“陈氏定理”。国际数学界更是毫不吝啬地赞誉他“推动了群山”。

陈景润的成功，无疑靠的是专注于其中一种爱好执着追求下去。在纷繁复杂的数学世界，他没有被众多研究方向迷惑，而是始终专注于“哥德巴赫猜想”，几十年如一日地钻研，终于在这一领域取得重大突破，成为数学史上的传奇。

读经传则根柢深，看史鉴则议论伟。

（选自钱镠《钱氏家训》）

译文

研读儒家经典和解释经典的传注，就会根基深厚；阅读史书和借鉴历史，发表的言论就会卓越高妙。

解读

经典中蕴含着先人的智慧与道德准则，深入研读，能筑牢我们知识与品德的根基，面对人生抉择时有坚实的价值判断标准。当我们熟知历代王朝兴衰、人物成败，视野会变得开阔，分析当下问题便有了历史的深度。与人议论时政、探讨事理，能旁征博引、见解独到，展现非凡的见识与气度，于无形中显示出个人素养与格局。

钱穆：经史为源，文化传灯

钱穆，一代国学大师，一生都在践行对经传和史鉴的传承与创新。

钱穆自小就对传统经典有着浓厚的兴趣。在私塾，他每日都沉浸于四书五经的诵读中。他在《论语》中探寻为人处世的准则，从“己所不欲，勿施于人”中领悟到人性的善良与包容；于《孟子》中感受大丈夫的浩然正气，“富贵不能淫，贫贱不能移，威武不能屈”成为他心中坚守的信念。这些经典的滋养，让他在年少时就有了非凡的思想与道德追求。

随着年龄增长，钱穆一头扎进了史学典籍中。他在昏暗的油灯下，逐页翻阅着《史记》《汉书》，仿佛穿越时空与历史人物对话。

后来，钱穆凭借对经传的深刻理解和对史鉴的广泛研究，开始了他的讲学生涯。在课堂上，他引经据典，历史故事信手拈来；讲解“百家争鸣”时，他能把儒家、道家、墨家等各家思想的起源、发展与相互影响剖析得丝丝入扣，让学生们如痴如醉。

在战火纷飞的年代，钱穆笔耕不辍，创作了《国史大纲》，为民族保留了一份文化的根基。书中对中国历史的独特见解，对各朝代文化传承与变迁的精准把握，无不令人叹服。

子孙虽愚，经书不可不读。

（选自朱用纯《朱子家训》）

译文

子孙后代即使天资愚笨，也不能不读儒家经典著作。

解读

经书涵盖了很多领域的知识，是智慧的汇聚。读经书能让子孙知晓善恶对错，树立正确的人生观，培养良好的品德。哪怕子孙领悟得慢，被书中修身、齐家、治国的道理反复熏陶，也能在潜移默化中成长为正直之人，不被愚昧左右，有能力应对人生风雨，守住家族的精神根基。

书香为伴，启智润心

纪晓岚，清代著名学者、文学家。他自幼对书籍好奇，但并非天赋异禀。在最初接触《诗经》时，那些古老的字词和复杂的含义让他感到十分费解，背诵起来也磕磕绊绊。然而，他的祖父纪天申和父亲纪容舒极为重视对他的教育，无论他理解得快还是慢，都要求他每日坚持诵读。

为了让纪晓岚更好地理解经书，父亲纪容舒常常在处理公务之余陪伴他研读经典。在父亲的耐心教导下，纪晓岚逐渐领略到经书的魅力。他不再局限于死记硬背，而是开始深入思考其中的内涵。

随着对经书研读的深入，纪晓岚的学识日益增长，思维越发敏捷。他凭借对经、史、子、集的深厚造诣，在科举之路上一帆风顺，最终进入翰林院。在那里，他的才华得到了充分的施展，受命主持编纂《四库全书》。面对海量的古籍文献，他能迅速甄别其中的精华与糟粕；凭借对经典要义的深刻把握，准确地对各类书进行分类、校勘、辑佚。因此成为《四库全书》编纂工作的核心人物，被后世誉为一代文化巨匠。

纪晓岚不仅自己受益于经书的滋养，还将家族的读书传统传承下去。因此，他的后代在这种浓厚的文化氛围中成长，大多勤奋好学，在文学、历史等领域均有一定的建树。

读书志在圣贤，非徒科第。

（选自朱用纯《朱子家训》）

译文

读书的志向在于成为圣贤之人，而不只是为了科举及第。

解读

在古代，科第是许多读书人踏入仕途、改变命运的途径，但此句告诫我们，志向当高远如圣贤。以古代大儒为例，王阳明早年苦读求功名，历经挫折后悟道，将学问用于修身济世，成为一代圣贤。读书不应狭隘地局限于考取好成绩等功利性目的，而应以圣贤为目标，学习圣贤的品德与智慧，塑造品格、开阔视野、深化思想，使生命更有深度与意义。

王阳明：志在圣贤的读书人

王阳明出身书香门第，自幼聪慧过人，对读书有浓厚的兴趣。当别的孩子还在玩耍时，他就沉浸在书籍的世界里，思考着各种深刻的问题。

在私塾读书时，王阳明展现出了非凡的悟性和求知欲。他并不满足于背诵经典，而是努力去理解书中的道理。有一天，他问老师："什么是人生第一等事？"老师回答道："当然是读书考取功名了。"然而，王阳明却摇了摇头，坚定地说："我认为读书做圣贤才是第一等事。"老师和同学们都对他的回答感到惊讶，因为在当时，大多数人读书只是为了科举及第，进而获取功名利禄，而成为圣贤似乎是遥不可及的梦想。

王阳明认准目标，开始了自己探索圣贤之道的旅程。他熟读儒家经典，不断思考如何才能成为像孔子、孟子那样的圣贤。他意识到，圣贤并非只拥有渊博的知识，更重要的是要有高尚的品德和伟大的胸怀。于是，他在日常生活中注重自己的言行举止，努力培养良好的品德习惯。

王阳明还四处拜访名师，学习各种学问和技艺。他曾在竹林中静坐沉思，试图领悟人生的真谛；也曾在战场上历经生死考验，锻炼了自己的意志，提升了勇气。在这个过程中，他遇到了许多困难和挫折，但他从未放弃。终于，经过多年的努力和探索，王阳明提出了"致良知"和"知行合一"的思想，成为一代圣贤。

人心虚则所学进，盈则所学退。

（选自康熙《庭训格言》）

译文

人怀有虚心的态度，所学才有进步，若是自满，学习就要落后。

解读

这句话深刻地道出了学习心态的关键。“心虚”，指的是保持谦逊，明白自身知识的局限性，要像一个永远装不满的容器，时刻准备接纳新信息。能对新知识、新见解抱以开放态度，学无止境，不断进步。“盈”，意味着自满，自认为满腹经纶，学无可学。这种心态如同紧闭的大门，将智慧拒之门外。古往今来，真正的智者，无论造诣多深，都虚怀若谷，正因这份“心虚”，才能持续精进学识。

孔子学琴

孔子听说师襄子是一位琴艺高超的乐师，就前去拜师学琴。师襄子见孔子诚心求学，就答应教他弹奏一首名为《文王操》的曲子。

师襄子为孔子示范弹奏了一遍后，孔子便端坐在琴前，全神贯注地拨弄琴弦，一遍又一遍地练习起来。他仔细琢磨每一个音符的韵律，用心感受曲子的意境。

过了几天，师襄子来听孔子弹奏，觉得他已经掌握了弹奏的技巧，便说："你已经弹得很不错了，可以学习新曲子了。"孔子却摇摇头说："我好像还没有领悟到曲子的神韵，还需继续练习。"于是，他依旧每天练习这首曲子，并反复推敲。

又过了一段时间，师襄子觉得孔子已经将神韵表现得淋漓尽致，便说："你已领悟神韵，可学新曲了。"孔子却谦逊地回应："我还未能体会到这首曲子所蕴含的作者的为人风貌。"孔子继续弹奏，并思考乐曲背后可能蕴含的情感与品德。

终于，在不断虚心钻研之后，孔子仿佛看到了周文王的形象在琴音中浮现，他高兴地对师襄子说："我现在好像看到周文王了，他有着高大的形象和深邃的目光，是一位心怀天下的仁者。"师襄子听后，对孔子的虚心好学与深入钻研钦佩不已。

孔子始终以一颗虚怀若谷的心去学习、去感悟，从而在琴艺上达到了极高的境界，这为后人树立了虚心求学、不断进取的榜样。

人之气质，由于天生，本难改变，惟读书则可变化气质。

（选自曾国藩《曾国藩家书》）

译文

人的气质是从出生的时候就决定的，本来是很难改变的，只有读书才可以改变人的气质。

解读

读书可以改变一个人的气质。书中蕴含着丰富的智慧、深刻的思想和多元的情感。当我们沉浸于阅读时，就像与古今中外的智者对话，汲取他们的经验与见解，从而开阔自己的视野、丰富自己的内心。在这个过程中，我们的思维方式得以重塑，价值观逐渐完善，言行举止也会变得更加优雅得体，进而由内而外地散发出独特的气质魅力，实现气质的蜕变与升华，让自己在人生之路上展现出别样的风采。

吕蒙：读书塑将才

三国时期，群雄纷争，社会风云变幻莫测。吕蒙以一身虎胆，在战场上奋勇拼杀，屡立战功，从而成为东吴的一员猛将。然而，他却不爱读书，因此常被视为有勇无谋的武夫。

东吴的孙权便劝吕蒙："如今你身负重任，掌管要事，不可不学习啊！"吕蒙面露难色，就以军中事务繁多为由推脱。孙权摇摇头，耐心开导道："我并非强求你像经史博士那般钻研经典，只是希望你能略读一些史籍，了解一些往事。你说军务繁忙，难道比我还忙？我每日理政之余，常常读书，因此收获颇丰。"

吕蒙深受触动，自此发奋读书。起初，读书对他来说很难：文字晦涩难懂，文意更是如迷雾般难以理解。但他并没有就此放弃，而是凭借在战场上的那股坚毅，一有空儿就拿起书来读，从简单的史籍读起，遇到不懂之处，便虚心向他人请教。

随着知识的积累，吕蒙的思维与眼界悄然发生了变化。一日，鲁肃与吕蒙共商军情。吕蒙从容不迫，对各方势力的分布和动态了如指掌，还提出了多条精妙计策，与往日判若两人。鲁肃大为惊叹道："士别三日，当刮目相待！"吕蒙笑着回应："兄长现在才察觉我的变化，是不是稍迟了些啊！"

经此一事，鲁肃对吕蒙彻底改变了看法，二人关系越发密切，携手为东吴效力。吕蒙凭借读书积累的智慧，从被人轻视的一介武夫，日渐成长为令人敬畏的智勇双全之将。

读书要循序渐进、熟读深思。

（选自左宗棠《致孝威书》）

译文

读书需要依照一定的顺序逐渐深入，并且要反复阅读、深入思考。

解读

循序渐进，是指读书需遵循知识的逻辑体系与自身的认知规律，从基础到高深，一步一个脚印地积累。就像攀爬阶梯，稳扎稳打才能登高望远。而熟读深思则要求对书中内容反复诵读、咀嚼，在多次阅读中加深理解，深入思考其中的含义、道理与价值。这样，书中的知识才能真正被消化吸收，内化为个人的智慧与素养，才能扎实地构建知识体系，提升思维能力，从书中汲取充足养分，实现个人的成长与进步。

朱熹的治学之道：循序渐进，熟读深思

朱熹是南宋著名的理学家、教育家，一生与书为伴。他倡导的"循序渐进、熟读深思"的读书方法，不仅贯穿了他的学术生涯，也对后世学者产生了深远影响。

朱熹在早年求学时，便深谙读书是一个积累的过程，不能一蹴而就，因此坚持采用"循序渐进、熟读深思"的读书方法。朱熹曾回忆自己读《论语》的经历。起初，他只是简单地诵读，了解字面意思。随着阅读次数的增多，他开始深入思考其中的道理，将孔子及其弟子的言行与自己的实际生活相联系，思考如何将这些儒家思想运用到为人处世、修身养性之中。这种反复阅读、深入思考的读书方式，让朱熹对《论语》的理解超越了表面，逐渐深入儒家思想的核心。

在朱熹的教育生涯中，他也大力推行这一读书方法。他曾以吃果子为例，形象地比喻读书的过程："就好像吃果子那样，首先要去掉果子的外皮和果壳，接着吃到果肉，而且还要把果子中间的核咬破，这样才能真正品尝到果子的全部滋味。要是不咬破果核的话，恐怕就会错过里面可能有的别样的好滋味了。"

朱熹凭借"循序渐进、熟读深思"的读书方法，在学术领域硕果累累。他的《四书章句集注》影响深远，为儒家思想传承与发展做出了巨大贡献，成为后世学习的典范。

家训关键词 融会贯通

学非记诵云尔，当究事所以然，融于心目，如亲身履之。

（选自郑晓《训子语》）

译文

学习并不只是记忆和背诵，应当探究事物为什么会这样，将其融会贯通在心里，就好像亲身实践一样。

解读

学习并非单纯地死记硬背，因为这样知识可能只是短暂停留于脑海，难以得到灵活运用，应该深入探究事物背后的原理、逻辑，挖掘知识的根源，这样才能真正理解知识的内涵。还要做到知行合一，不能纸上谈兵，而要多实践，发挥知识的力量，从而构建完整的知识体系，形成自身的学习能力。

徐光启：格物致知兴农政

明朝晚期，徐光启目睹当时农业生产的落后与民生的艰难，决心深入探究农业科学，力求改变现状。

徐光启在阅读古代农书时，发现其中虽然记载了很多耕种方法，但对于农业现象背后的原理却阐述得很少。因此，他亲自开辟农田，进行各种农业试验。

在种植水稻时，他改变传统的株距与行距，观察水稻在不同种植密度下的生长情况，详细记录每日的天气变化，记录如气温、降水、日照时长等因素对水稻生长的影响。为了探究施肥的奥秘，他收集多种农家肥并自制肥料，对比不同肥料在水稻不同生长阶段对水稻产量与品质的影响，甚至深入研究肥料中的营养成分如何被水稻根系吸收与转化。

在水利灌溉方面，徐光启同样深入钻研。他考察各地的水利设施，研究不同地形与水源条件下的灌溉方式，如井灌、渠灌、漫灌等的优缺点。他结合数学与物理学知识，计算水流速度、水量与灌溉面积之间的关系，设计出更科学合理的灌溉系统，确保农田在干旱季节也能得到充足的水源。

徐光启一生致力于农业科学的研究与实践，为中国古代农业的发展做出了卓越贡献，成为令人敬仰的农学家与科学家。

第三章 社交原则

趣学家训，读懂中国智慧。

叁

爱人者则人爱之，恶人者则人恶之。

（选自王肃《孔子家语》）

译文

爱别人的人别人也会爱他，厌恶别人的人别人也会厌恶他。

解读

当一个人怀着关爱他人之心对待周围的人，展现出善良、宽容等美好品质时，他人会回馈同样的善意，从而建立起和谐的人际关系。反之，倘若总是以恶劣的态度、恶意的行为对待他人，处处与人交恶，那自然也会遭到他人的厌恶与反感。在社会交往中，他人的行为和态度犹如一面镜子，反射出我们对待他人的方式。所以我们与人交往时应该秉持善良与仁爱，营造良好的人际氛围。

刘备的仁义之道

东汉末年，天下大乱，豪杰并起。刘备虽家境贫寒，却心怀壮志，以兴复汉室、拯救黎民百姓为己任。

在治理新野时，刘备轻徭薄赋，鼓励农桑，让百姓得以安居乐业。他常微服出访，深入民间，了解百姓疾苦，为他们排忧解难。一次，新野遭遇旱灾，庄稼颗粒无收，百姓陷入饥荒。刘备心急如焚，不仅开仓放粮，救助受灾百姓，还亲自带领士兵挖掘水井，寻找水源。百姓对他感恩戴德。

对待下属，刘备同样真诚宽厚。黄忠原是刘表的部下，后来归降了刘备。起初，军中部分将领质疑黄忠的忠心，刘备却力排众议，对黄忠信任有加，委以重任。比如，定军山之战时，黄忠主动请缨，刘备毫不犹豫地应允了。战场上，黄忠果然不负刘备的厚望，凭借智谋与勇气，斩杀了曹军主帅夏侯渊，立下赫赫战功。

战后，刘备不顾众人反对，封黄忠为后将军，与关羽、张飞等名将同列。有人劝刘备说，黄忠资历尚浅，恐难服众。刘备却坚定地说：“黄将军忠勇双全，此次战功卓著，理当重赏，我相信他能担此重任。”黄忠听说了刘备这番话后，感动不已，老泪纵横。自此，黄忠更是一心追随刘备，为蜀汉鞠躬尽瘁。

最终，刘备在诸葛亮等一众贤才的辅佐下，于蜀地建立了蜀汉政权，成就了一番霸业。

家训关键词 忠言逆耳

良药苦于口而利于病，忠言逆于耳而利于行。

（选自王肃《孔子家语》）

译文

药虽然吃起来苦，但对病情有好处；忠信之言虽然不好听，但对自己的行为有好处。

解读

药虽苦，却能治愈身体的疾病；忠言尽管听起来不顺耳，却对人的行为和成长有积极的作用。面对批评和建议时，我们不能仅仅因为话不好听就排斥拒绝。因为我们的思想和行为需要他人诚恳的指正来完善。虚心接受逆耳忠言，是一种胸怀和智慧，它能帮助我们避免错误、改正缺点，从而在人生道路上不断进步，实现自我价值的提升。

梅兰芳与齐白石：艺术世界里的珍贵友情

齐白石是中国著名的国画巨匠，以独特的绘画风格和精湛技艺享誉画坛。梅兰芳是和齐白石同时期的著名京剧大师，他的表演细腻动人，备受赞誉。两人因对艺术的热爱与追求而结交。

梅兰芳十分钦佩齐白石，因此常邀请他观看自己的演出。一次演出后，梅兰芳下台询问齐白石的观感。齐白石沉思片刻后说道："你的戏演得极好，只是在某些动作的处理上稍显刻意，不够自然流畅，如同作画时刻意突出的线条，失了些灵动。"这番话让梅兰芳一怔，在众人皆称赞的情况下，齐白石的直言显得格外"逆耳"。但梅兰芳没有丝毫不悦，他深知齐白石是出于对艺术的真诚。

此后，梅兰芳反复琢磨齐白石的话，在排练时更加注重细节的打磨。经过一段时间的努力，他的表演有了质的飞跃，人物刻画更加入木三分。

而齐白石在绘画创作中，有时过于追求创新而忽略了传统技法的优势。梅兰芳看在眼里，也诚恳地向齐白石提出建议："齐老，您的画作新意十足，但传统的笔墨韵味似可再多些，方能使画作更具底蕴。"齐白石听后，认真反思，重新深入研习传统绘画技法，将传统与创新更好地融合，其画作也更显醇厚大气。

梅兰芳和齐白石的真诚交往，使二人的艺术造诣不断精进，同时也收获了深厚真挚的友情，成为艺术史上的一段佳话。

与善人居，如入芝兰之室，久而自芳也；与恶人居，如入鲍鱼之肆，久而自臭也。

（选自颜之推《颜氏家训》）

译文

与品行优良的人在一起，就如同进入养满芝草和兰花的屋子，时间长了自己身上也变得芬芳起来；与品行恶劣的人在一起，就如同进入卖腌鱼的市场，时间长了自己身上也会有腥臭之气。

解读

环境对人的影响不可忽视。跟懒惰的人在一起，我们可能就会被同化成懒惰的人；和上进的人同行，我们也会在不知不觉中成为上进的人。无论是学习还是其他，周围的环境都会影响一个人的自控能力，进而影响其成长和进步。与优秀的人并肩前行，才能让自己成为优秀的人。

孟母三迁，择邻而处

孟子是战国时期著名的思想家，幼年丧父，母亲仉氏含辛茹苦地将他抚养成人。

起初，孟子家在墓地附近。年幼的孟子经常看到人们办理丧事，久而久之，便模仿起他们的行为，和小伙伴们玩起办理丧事的游戏：挖土筑坟、披麻戴孝、哭拜祭奠。孟母见此情景，心中忧虑，觉得这样的环境不利于孟子的成长。于是，孟母决定搬家。

他们搬到了一个集市旁。集市上热闹非凡，各种商贩的叫卖声不绝于耳。孟子很快被这热闹的场景吸引，开始学着商贩们吆喝叫卖，还常常和小伙伴们玩做买卖的游戏。孟母看到后，意识到这个环境也不适合孟子学习知识、培养品德，于是再次决定搬家。

这次他们搬到了一所学堂附近。学堂里传来的读书声、讲学声让孟子产生了浓厚的兴趣。他开始跟着学堂里的先生和学生们学习礼仪、诵读经典。在这种文化氛围的熏陶下，孟子勤奋好学，努力钻研学问，最终成为一代大儒，他的思想和学说对后世产生了深远影响。

孟母三迁的故事告诉我们，环境对人的成长和发展起着至关重要的作用。

家训关键词 利他

士君子之处世，贵能有益于物耳，不徒高谈虚论。

（选自颜之推《颜氏家训》）

译文

有道德有学问的人处身立世，最可贵的是能对事物（包括人、物、社会）有所助益，不能只是高谈阔论、说些空话。

解读

士人君子在世间立身行事，关键在于能对社会、对他人有所助益，不能只停留在高谈阔论上。那些只会夸夸其谈的人，往往说得多做得少，无法给社会带来实际价值。而真正有作为的人，会将精力放在切实的行动上。所以，我们不能光靠嘴上功夫，更要用实际行动，为身边人、为社会实实在在地做点好事 。

苏轼造福黄州

北宋时期，苏轼因“乌台诗案”被贬至黄州。彼时的他，虽仕途受挫，但仍然以积极的心态融入当地生活，用实际行动造福一方百姓。

初到黄州，苏轼发现当地百姓因缺乏知识，在农业生产和医疗卫生方面面临许多困境，他没有空叹命运不公或纸上谈兵地大抒情怀，而是决定用实际行动改变这一现状。

苏轼亲自向一些有经验的老农请教耕种之法，学习如何改良土壤、选种育苗。他将自己的一块荒地开垦成“东坡”，亲自耕种，并把积累的经验分享给当地的农户。他还积极倡导兴修水利，带领百姓挖井修渠，改善农田灌溉条件，使黄州的粮食产量逐渐提高，百姓的生活得到一定改善。

此外，苏轼还利用自己的医学知识搜集民间药方，并加以整理和研究。他常常为贫苦百姓免费看病，还赠药治病。与此同时，他还撰写医学科普文章，向百姓传授卫生保健知识，如预防疫病的方法、常见疾病的食疗等，大大提高了当地百姓的健康意识和应对疾病的能力。

苏轼的行为让当地的百姓对他敬重有加，也为黄州的长远发展奠定了基础。这段经历也成为苏轼人生中的重要篇章，让后人看到了一位伟大文人在社交与民生上的卓越表现与榜样力量。

家训关键词 大智若愚

聪明睿智，守之以愚。

（选自王肃《孔子家语》）

译文

一个人即使拥有聪明才智，也应该用愚朴敦厚的姿态来保持。

解读

聪明是一种天赋，但如果我们总自诩聪明，觉得其他人都不如自己，便很容易引起他人的反感或忌妒。保持谦逊，懂得包容他人不同的意见，耐心倾听，有助于我们更好地融入集体，也能促使我们把更多的精力用于自我沉淀，使我们持续地成长进步。

曹参之“愚”：大智若愚的治国智慧

西汉初期，曹参在齐国任丞相，辅佐齐王刘肥。面对战后百废待兴的局面，曹参没有急于展示自己的聪明才智，而是广纳贤才，与有识之士共同商讨治理齐国的良策。他最终采用了盖公的“黄老之术”，主张无为而治，让百姓休养生息。齐国由此呈现出一派繁荣稳定的景象。

不久，萧何去世，曹参应召入朝，接替了丞相之位。众人都猜测曹参会大显身手，推行新政。然而曹参到任后，特意挑选一些忠厚朴实、不善言辞的人进入丞相府，将那些巧言令色、盲目追求政绩的人全部辞退了。日常处理政务时，他也因循旧例，不做改动。

汉惠帝见状，以为曹参轻视自己这个皇帝，非常不满。曹参知晓后，赶紧进宫向汉惠帝请罪，随后又问汉惠帝：“陛下，您与高祖相比，谁更圣明英武？”惠帝答道：“我怎敢与先帝相比。”曹参又问：“我与萧何，谁更贤能？”惠帝说：“你似乎稍逊一筹。”曹参点点头说：“陛下说得对。高祖与萧何定天下，法令明确。如今陛下垂拱而治，我们谨守职责，遵循旧制，不就可以了吗？”惠帝恍然大悟。

曹参这种不折腾、不冒进，以“愚”守业的方式，让国家得以平稳发展，为后来的“文景之治”奠定了基础。

家训关键词 不论人非

慎勿谈人之短，切莫矜己之长。

（选自朱用纯《朱子家训》）

译文

千万要谨慎，不要谈论别人的短处；要切记，不可夸耀自己的长处。

解读

良好的人际关系，是互相尊重。随意谈论他人短处，可能会伤害到他人的自尊与感情，从而破坏和谐的人际关系，滋生不必要的矛盾与冲突。真正有智慧的人，懂得低调谦逊，谨言慎行。秉持这样的原则，既能营造和谐的人际氛围，又能不断提升自我修养，在人生道路上稳步前行。

蔡锷的谦逊与包容

民国时期，蔡锷将军是一位极具影响力的人物。他在军事领域才能卓越，于云南领导新军起义，积极投身护国运动，为捍卫当时的共和体制立下赫赫战功。

然而，蔡锷始终保持着谦逊低调的作风，从不愿在他人面前夸耀自己的功绩与才能。

有一次，一位年轻军官在军事会议上提出了一个与蔡锷不同的作战策略。当时，在场的将领认为这位年轻军官资历尚浅，纷纷投去质疑的目光。蔡锷耐心地听完年轻军官的阐述，不仅没有出言批评，反而对其积极的思考行为和勇于表达的态度给予了肯定。蔡锷仔细分析了该策略的可行性，并结合自己的经验，与大家共同探讨，最终完善了作战计划。这种尊重他人意见的做法，让军中将士对他更加敬重与信服。

在日常生活中，蔡锷也十分注重自身的品德修养，从不背后议论他人是非长短。他常说："我们应致力于正事，莫要在闲言碎语中耗费精力。"面对当时复杂的政治环境，他始终坚守自己的原则，不参与无端的派系争斗。

遗憾的是，蔡锷将军积劳成疾，英年早逝。但他用自己的行动诠释了一位杰出将领和优秀人物应有的谦逊与包容，成为后人敬仰的楷模。

家训关键词 宽容、理性

人有小过，含容而忍之；人有大过，以理而责之。

（选自朱用纯《朱子家训》）

译文

当别人有小过错时，要以包容的心态去容忍；当别人有较大的过错时，要用道理指出他的过失之处。

解读

当他人犯下小错时，我们应怀有宽容之心。人生在世，犯些小错误在所难免，如果斤斤计较只会徒增矛盾。而包容他人的错误则能展现大度的胸怀，维系良好关系。当他人犯下大错时，我们可以通过理性沟通，让对方明白错误所在及其后果的严重性，引导其改正，使其在错误中吸取教训，走上正轨。这样，既能体现对他人的关怀，又能维护原则与公正。

相如忍辱，顾全大局

战国时期，赵国文有蔺相如，武有廉颇，盛极一时。

蔺相如凭借非凡的智慧与勇气，在完璧归赵和渑池之会中表现出色，成功捍卫了赵国的尊严与利益。赵王对他赏识有加，将其拜为上卿，地位在战功赫赫的廉颇之上。这让廉颇心中极为不悦，他想："我廉颇攻城野战，出生入死，立下无数战功，他蔺相如不过靠一张嘴，凭什么官位比我高呢？"于是，廉颇逢人便说："我若见到蔺相如，一定要羞辱他一番。"蔺相如听到后，并不与廉颇计较，而且为了避免正面冲突，每次在路上遇到廉颇都会掉转车头躲避。

蔺相如的门客们见他如此，纷纷表示不解和气愤："我们背井离乡追随您，是敬仰您的高义。如今廉颇将军如此无礼，您却一味躲避，我们实在难以忍受。"蔺相如却平静地对他们说："秦王那般威严，我都敢当庭呵斥，难道会怕廉将军吗？只是我想到，强大的秦国之所以不敢轻易攻打我们赵国，就是因为赵国有我们两人。若我们争斗起来，赵国便危险了啊。"

廉颇听到蔺相如的这番话后，深感惭愧。于是，他袒露上身，背负荆条，前往蔺相如府上请罪。他诚恳地说："我是个粗陋浅薄的人，想不到您的胸怀如此宽广。"蔺相如见状赶忙扶起廉颇。二人从此结为刎颈之交，共同保卫赵国。

家训关键词 情绪稳定

一言不如意，一事少拂心，即以声色相加，此匹夫而未尝读书者也。

（选自孙奇逢《孝友堂家训》）

译文

一句话不如意，一件事不顺心，马上就声色俱厉，反唇相讥，这就是未曾读书的粗鲁之人。

解读

读书的意义，不仅在于获取知识，更在于提升修养。真正有学识涵养的人，面对不如意能克制情绪，以理性平和的态度应对。如果动辄因为小事大发雷霆，不仅没法解决问题，还会暴露自身的浅薄与狭隘。生活中难免有摩擦与挫折，只有保持情绪稳定，才能以更智慧的方式处理难题，收获和谐的人际关系。

张英让墙

清朝康熙年间，文华殿大学士兼礼部尚书张英在京为官。他老家桐城的家人与邻居因宅基地的边界起了争执。

原来，两家的院墙相邻，都想将院墙往外扩一点，以便多占一点地方。于是，两家的矛盾逐渐升级，互不相让。张英的家人就写了一封加急信件送往京城，向张英诉苦，希望他能出面，利用权势压制邻居，让邻居退让。

张英饱读诗书，深明大义，收到信后并未利用自己的身份地位去威逼邻居。他深知邻里之间应和睦相处，不能因一点私利就伤了和气，更不能仗势欺人。他思索片刻后，挥笔写下一首诗："千里家书只为墙，让他三尺又何妨。长城万里今犹在，不见当年秦始皇。"随后，他将诗寄回了老家。

家人收到信后，起初有些失望，但仔细研读诗句后，领悟到了张英的深意。他们为自己之前的狭隘之举感到羞愧，便主动将自家的院墙向后退让了三尺。邻居得知此事后，因张英的大度而感动，也自觉将院墙往后退了三尺。于是，两家之间就出现了一条六尺宽的小巷，名为"六尺巷"。

家训关键词 谨言慎行

处世戒多言，言多必失。

（选自朱用纯《朱子家训》）

译文

为人处世要避免多说话，话说多了必定会有失误。

解读

在生活中，话说得多了就容易出错。话多还会显得浮躁浅薄，给人留下不好的印象。真正成熟睿智的人，懂得适时沉默。只有经过深思熟虑后再开口，才能做到言出有物。这样既能有效沟通，又能避免因言语不慎带来的麻烦。

杨修之鉴：多言引来祸端

东汉末年，出身世家的杨修，因才思敏捷被曹操赏识，在曹操麾下担任主簿。然而，他却忘了“处世戒多言”的基本原则，多言妄语，屡次揣测曹操的心思并擅自宣扬，最终引来了杀身之祸。

当时，曹操在建造相国府。有一天，相国府的大门竣工后，曹操前去视察，可他未做任何评论，只在门上写了一个“活”字。众人不解，杨修却说：“门中添‘活’，是个‘阔’字，这说明丞相嫌门过大了。”工匠一听，便改建了大门。曹操得知后，虽然称赞他聪慧，但心里却有些不高兴。

又有一次，塞北送来一盒酥饼。曹操提笔在盒上写了“一合酥”三个字，放在了桌上。杨修看见后，竟然招呼众人分吃起来。曹操询问原因，杨修回答：“丞相写了‘一合酥’，难道不是‘一人一口酥’的意思吗？我们岂敢不遵从？”曹操表面嬉笑，内心却对杨修的多言表示不满。

后来，曹操与刘备在汉中对峙。曹操久攻不下，又逢连日阵雨，粮草将尽，陷入了进退两难的困境。此时，夏侯惇入帐来问夜间口令，曹操正看着碗内的鸡肋思索进退之计，便随口答道：“鸡肋。”杨修听到这口令后，便让士兵们收拾行装，准备返程。夏侯惇惊问原因，杨修分析说：“鸡肋，吃起来没肉，扔掉了又可惜。丞相此举，一定是打算退兵了。”曹操得知后，怒不可遏，以扰乱军心的罪名斩杀了杨修。

劝人不可指其过，须先美其长。人喜则语言易入，怒则语言难入。

（选自曾国藩《曾国藩家训》）

译文

劝导他人的时候，不能直接指出他的过错，要先赞美他的长处。人在高兴的时候就容易接受他人的意见，在愤怒的时候就很难听进别人的话。

解读

当我们想要劝诫他人时，不能一上来就直接指出对方的过错，而应先赞扬其长处，使其心情愉悦，对于我们接下来的劝诫也就更容易接受。反之，如果不顾及对方情绪，在其生气时强行劝说，对方往往听不进意见，还可能激化矛盾。所以，掌握这种劝人的技巧，能让沟通更顺畅，也更有利于帮助他人认识并改正错误。

邹忌讽齐王纳谏

战国时期，齐国的大臣邹忌身材魁梧，容貌美丽。一天早晨，他对着镜子穿戴整齐，问妻子：“我与城北徐公相比，谁更俊美？”妻子毫不犹豫地回答：“徐公怎比得上你啊！”邹忌心中存疑，又问妾室，妾室也说邹忌比徐公美。

第二天，有客人来拜访邹忌，他便再次问了客人这个问题，客人同样夸赞邹忌更胜一筹。然而，当邹忌见到徐公后，自愧不如。他思索许久，终于想明白了。

于是，邹忌入朝拜见齐威王，说道：“大王，我知道自己不如徐公美。可我的妻子偏爱我，我的妾室畏惧我，我的客人有求于我，所以他们都说我比徐公美。如今齐国地大物博，您宫中的姬妾和身边的侍臣没有不偏爱您的，朝中大臣没有不畏惧您的，全国之内没有不有求于您的：由此看来，您所受的蒙蔽也非常严重啊！”

齐威王听后，并没有发怒，反而觉得很有道理。于是，他下令：“所有的大臣、官吏、百姓，能够当面指出我的过错的，可以获得上等奖赏；上书劝谏我的，可以获得中等奖赏；能在公共场所指责、议论我的过失，传到我的耳中的，可以获得下等奖赏。”

此令一出，齐国上下纷纷进谏，门庭若市。几个月后，进谏者逐渐减少；一年后，即使有人想进谏，也没有什么可说的了。齐国在齐威王的治理下，政治清明，国力强盛。

家训关键词 坦诚相告

如有不是，何妨面责，慎勿藏之于心，以积怨恨。

（选自王夫之《丙寅岁寄弟侄》）

译文

如果他人有不对的地方，不妨当面指出，千万不要把不满隐藏在心里，从而积聚成怨恨。

解读

当他人有过错时，与其将不满默默藏在心里，让不满逐渐累积成怨怼，不如当面坦诚指出。当面指出他人过错不是为了指责批评，而是希望对方能认识并改正错误，避免日后引发更大的矛盾。若把不满藏在心底，表面若无其事，内心却耿耿于怀，长久下去，不仅会破坏彼此的关系，还会给自己带来心理负担。坦诚相告，有助于促进双方的交流与理解，使关系更加稳固健康。

狄仁杰直谏唐高宗

唐高宗时期，左司郎中王本立恃宠而骄，行事多有不法。众臣虽心中不满，却因畏惧其受唐高宗宠爱而不敢多言，将对他的不满暗暗藏在心中。

狄仁杰却不然，他认为王本立的行为已严重影响朝廷纲纪，若不加以制止，必将滋生更多祸患。于是，狄仁杰收集了王本立的诸多罪证，面奏唐高宗，当庭弹劾王本立，请求将其依法治罪。

唐高宗念及王本立平日的侍奉，有意偏袒，想宽赦他。狄仁杰见状，言辞恳切地进谏："国家虽缺乏贤才，但像王本立这样的人并非不可或缺。陛下若执意宽赦，便是置国法于不顾。今日您因私情而废法，他日国法威严何在？众人见此，心中必定积怨，于国于君皆非好事。"

唐高宗听后，面露不悦，觉得狄仁杰过于强硬。但狄仁杰并未退缩，继续说道："陛下若非要赦免王本立，就请将臣流放到无人之地，以儆效尤，让众人知晓执法者的无奈。"唐高宗被狄仁杰的刚正不阿所触动，最终意识到自己的错误，同意将王本立治罪。事后，朝廷风气为之一新，大臣们对狄仁杰的正直钦佩不已。

狄仁杰面对王本立的不法行为，没有选择沉默隐忍、暗中怨恨，而是秉持公正，当面直谏唐高宗，既维护了国法尊严，又化解了群臣心中潜在的不满，成为敢于当面指出他人错误以正风气的典范。

第四章 身心健康

趣学家训，读懂中国智慧。

肆

家训关键词 **平和、理性**

乐之方至，乐而勿骄；患之将至，思而勿忧。

（选自王肃《孔子家语》）

译文

快乐的事到来时，要乐而不骄；灾难将要到来时，要有思想准备而不忧愁。

解读

当快乐来临时，不应骄傲自满。快乐易使人陶醉，若沉浸其中、骄傲放纵，可能会迷失自我，做出错误的决策，乐极生悲。当祸患将要降临时，应冷静思考，不要过度忧虑。思考能帮助我们分析问题，找到应对的方法，而过度忧虑会扰乱心智、影响行动。总之，保持平和、理性，才能从容面对世事的无常。

范仲淹：宠辱不惊，心系天下

北宋中期出现了内忧外患的局面。内部官僚机构臃肿，财政负担沉重，土地兼并严重，农民生活艰难；外部辽与西夏对宋朝虎视眈眈，边境战事不断。当时，范仲淹任参知政事，深知改革迫在眉睫，于是上书奏请宋仁宗改革吏治。之后，他日夜操劳，与富弼、欧阳修等大臣反复商议改革方案，常常工作至深夜。

新政在推行初期取得了一些成效，百姓对新政赞誉有加，朝中不少有识之士也对范仲淹的改革魄力钦佩不已。面对如潮的赞誉，范仲淹没有沾沾自喜，他继续深入调查研究，谋划更完善的改革策略，一心促进宋朝长远发展。

后来，新政触动了保守派的利益，他们群起攻之。保守派在朝堂上罗列新政的“罪状”，指责范仲淹等人结党营私。宋仁宗对新政也从开始的支持逐渐转为犹疑。范仲淹察觉到局势恶化，却并未慌乱，多次向宋仁宗进谏，试图阐明新政对宋朝的重要性。然而，终是无力回天，范仲淹被贬出京城。

即便遭遇如此挫折，范仲淹在地方任职期间，依旧心系百姓。他引导民众改良耕种方法，提高粮食产量。好友滕子京重修岳阳楼时，邀请范仲淹作记。范仲淹借此抒发了自己“先天下之忧而忧，后天下之乐而乐”的情怀，尽显其无论身处何境，都宠辱不惊的高尚品格。

家训关键词 知错就改

过失，人之情莫不有焉。过而改之，是为不过。

（选自王肃《孔子家语》）

译文

有过错和失误，是人之常情，没有谁能避免这种情况的出现。有了过错而能改正，就不算过错了。

解读

人非圣贤，犯错难以避免。然而，犯错后的态度至关重要，要正视错误并积极改正。改正错误不仅是对自身行为的修正，更是成长契机，能让我们积累经验、提升能力。所以，面对错误，我们需要有一个积极的心态，不过度愧疚，也不选择逃避，及时吸取教训，积累经验，实现自我成长与完善。

周处除“三害”：浪子回头，改过自新

西晋时期，义兴阳羡有个叫周处的人，他身材魁梧、武艺高强，但性情鲁莽，常凭蛮力欺凌乡人。那时，义兴水中有蛟龙，山上有猛虎，再加上周处，被百姓视作“三害”，而周处的危害最大。

一天，有个人劝说周处去杀死那为害百姓的猛虎和蛟龙。周处拍着胸脯承诺道：“这有什么难的，我去除掉它们！”说完，周处就先跑到山里，把老虎射死了。接着又跳到水里，跟蛟龙打斗起来。这一架打了三天三夜，最后周处总算把蛟龙杀死，上了岸。

之后，周处兴冲冲地返回乡里，本以为乡亲们听到这个好消息会夸赞他，结果却看到大家往来奔走，互相道喜。原来大家以为他这一去必死无疑，因此高兴“三害”都没了。这时候，周处才明白，自己以前做的事有多招人记恨，后悔极了，下定决心要改正错误。他听说东吴的陆机、陆云兄弟学问特别好，就去请教。见到陆云后，周处愁眉苦脸地说：“我想改邪归正，可时间浪费了这么多，怕是来不及了。”陆云鼓励他说：“只要你有决心，什么时候开始改变都不算晚。”

自此以后，周处痛改前非，潜心读书，修养品德，言行举止皆守规矩。后凭借自身武艺，投身军旅，征战沙场，屡立战功，赢得了百姓的爱戴。

非淡泊无以明志，非宁静无以致远。

（选自诸葛亮《诫子书》）

译文

不恬静寡欲无法明确志向，不排除外来干扰无法达到远大目标。

解读

我们生活中面临很多诱惑，若总想着出风头、追潮流，就难以专注学业。只有看淡这些，保持淡泊，才能明确自己真正的学习目标，不被外界干扰。在学习时，如果心浮气躁，就难以深入思考。当我们保持内心宁静，专注于知识探索时，才能更高效地吸收知识，为未来长远发展奠定基础。所以，我们要学会淡泊宁静，为梦想蓄力。

诸葛亮：淡泊明志，宁静致远

诸葛亮是三国时期蜀汉丞相，他以“淡泊明志，宁静致远”为人生准则，智慧与品德辉映千古。

早年，诸葛亮隐居在隆中，住的是茅草屋，与山水相伴，每日不是在田间劳作，便是潜心钻研经史典籍、天文地理与兵法谋略。他在这一方宁静天地默默积蓄力量，等待着志同道合的明主。

当刘备三顾茅庐，邀请诸葛亮出山时，他感其诚意，决定出山相助，自此开启为兴复汉室殚精竭虑的征程。他在蜀汉政权中鞠躬尽瘁，无论是赤壁之战时的运筹帷幄，还是白帝城托孤后的独撑危局，他始终保持内心的宁静，不被权力和荣耀冲昏头脑。生活中，他简朴如初，家中仅有薄田数亩，别无余财。他将全部心力投入蜀汉的治理与复兴大业中。

在面对北伐大业的艰难时，诸葛亮没有急于求成而乱了阵脚，而是始终保持宁静的心境。每次出兵，他都冷静地分析局势，制定战略。即使在蜀汉政权内部矛盾重重、外部压力巨大的情况下，他依然坚守自己的志向，为兴复汉室的目标不懈努力，直至生命的最后一刻。

诸葛亮以淡泊为舟，摒弃世俗诱惑；以宁静为帆，应对风云变幻。以非凡智慧与坚定信念，在历史长河中书写了治国安邦的传奇篇章，成为后人永远敬仰的楷模。

大喜荡心，微抑则定；甚怒烦性，稍忍即歇。

（选自颜延之《庭诰》）

译文

过度的喜悦会使人内心动荡，稍微抑制一下就能安定；极其愤怒会扰乱人的心性，稍微忍耐一下就可以平息。

解读

当人处于极度喜悦时，心情容易失控，行为也可能变得轻率。这时，需要稍加克制，让我们内心恢复平静，避免因过度兴奋而做出错误的决策。而当一个人愤怒到极点，性情会变得暴躁，不仅伤害自己，还可能影响他人。这时需要稍加忍耐，使怒火平息。懂得对大喜、大怒的情绪适度调控，才能更好地掌控生活，保持平和心境。

陆逊的隐忍与成就

汉末三国时期的陆逊，出身于江东世族大家，才华横溢，但在早期他只是孙权手下的一个基层小官。

建安二十四年（219 年），陆逊迎来了他军事生涯中的一个重要契机——荆州之战，陆逊在荆州与刘备部将关羽遭遇。陆逊深知关羽的威名，于是选择了隐忍与示弱。他以谦卑恭敬之态给关羽写了一封信，言辞之中满是对关羽的敬仰与畏惧，使关羽逐渐放松了对东吴的警惕。不久，陆逊与吕蒙默契配合，让部下扮作商人乘船渡江，兵不血刃地夺取了荆州。

后来，关羽败走麦城被杀，刘备愤怒地率领大军前去伐吴。孙权破格起用陆逊为大都督，统领东吴诸军抵御刘备。这一任命引起东吴众多老将的不满，韩当、周泰等老将公然质疑孙权的决策，言辞颇为不敬。陆逊面临巨大的压力，但他深知此时若是动怒，不仅会破坏军中团结，更会影响抗敌大计。于是他继续选择忍耐，神色平静地向众将阐述了自己的战略部署，最后说服了众人。

在交战过程中，刘备为了激怒陆逊，派人到阵前百般辱骂。陆逊的士兵们都气愤不已，纷纷请战。然而陆逊坚守不出，他仔细观察蜀军的营地与部署，等待蜀军露出破绽。就这样，两军对峙了数月之久。终于，陆逊发现刘备的军队连营数百里，犯了兵家大忌。于是他果断下令出击，指挥东吴军队采用火攻战术，一举攻破蜀军营地，取得了夷陵之战的胜利。

大才当大用，如时人不识，何为叹愤哉！

（选自李华《与弟莒书》）

译文

有杰出才能的人本应担当重任，如果当时的人不能发现（你的才能），又何必叹息、愤恨呢？

解读

有卓越才能的人，理应担当重任，施展抱负，为社会贡献力量。然而，现实中常有怀才不遇的情况。但一时的不被认可，不代表永远被埋没。过度的叹愤，不仅消耗自身精力，还可能让心态失衡。真正明智的做法，是在等待时机的过程中，持续提升自我。所以，即便才华暂未被赏识，也应积极进取，而非自怨自艾。

姜子牙：怀才待时，终展宏图

商朝末年，商纣王昏庸无道，百姓苦不堪言。有个叫姜子牙的人，身有经天纬地之才，胸怀安邦定国之志，但直到暮年还不被赏识，生活十分困窘。可姜子牙并未因此叹愤，他坚信自己的才华终有施展之日。

姜子牙听说西伯侯姬昌心怀壮志，思贤若渴，便来到渭水边，每日垂钓。他的钓法十分奇怪，用的是直钩，而且离水面有三尺高。有人看见了，就讥笑他傻，他却从容说道："我钓的可不是水里的鱼，而是王与侯。"

一次外出打猎前，姬昌占卜了一卦，卦辞显示将遇到一位能帮助自己成就霸业的人。姬昌心中大喜，于是率领众人前往渭水边。姬昌来到渭水边后，见到了正在垂钓的姜子牙，感觉他非同一般，便上前和他交谈起来。姜子牙对天下局势的一番见解，让姬昌大为惊叹，他心想：这个人就是我梦寐以求的贤才啊！于是，姬昌当时便邀请姜子牙出山，帮助自己成就大业。

姜子牙欣然答应，从此辅佐姬昌。他制定策略，发展生产，训练军队，使周的实力日益强大。姬昌去世后，姜子牙继续辅佐周武王。在姜子牙的谋划下，周武王联合诸侯，在牧野之战大败商纣王，建立了周朝。姜子牙因为有功，被封齐地，成为齐国的始祖，名垂青史。

家训关键词 知足

勿言舍宅小，不过寝一室。何用鞍马多，不能骑两匹。

（选自白居易《狂言示诸侄》）

译文

不要说住宅房屋小，一个人睡觉也不过占用一间屋子。为什么需要那么多马匹呢，一个人又不能同时骑两匹马。

解读

生活中，幸福的人总能看到自己已经拥有的东西，而不快乐的人总在羡慕别人拥有的东西。不要盲目追求物质的堆砌，过度占有未必能带来更多的满足。学会知足，珍惜拥有，专注于真正对生活有实际意义的部分，才能避免被物欲所累，才能在简单中寻得内心的安宁与生活的本真。

晏子：崇尚节俭

春秋时期，齐国名相晏子官居相位，却始终住在一处狭小简陋的宅院里。齐景公见晏子住得这么破旧，心里过意不去，想为他建造一座宽敞气派的新府邸。

晏子却婉言谢绝："这宅舍虽小，却足以让我安寝。人之一生，所需其实甚少，能有一处遮风挡雨之所便已足矣，何必追求奢华宏大的居所呢？"齐景公听后，心中虽然敬佩晏子的节俭，却仍觉得不妥。

一天，晏子出使他国。齐景公趁机命人将晏子的邻居迁走，为他扩建了宅院。晏子归来，看到焕然一新的府邸，心中十分忧虑。他深知，奢侈之风一旦开启，就可能蔓延，于国于民都不是好事。于是，晏子赶忙进宫面见齐景公，恳请将新宅拆除，恢复原状，并将邻居们请回。齐景公无奈，只得答应晏子的请求。

晏子出行时，也从不讲究排场。他乘坐的马车朴素无华，拉车的马匹也只是普通的良驹，并非名贵的品种。有人劝他配备更多精良的马匹，这样才能彰显齐国的威严与晏子的地位。晏子却严肃地说："出行的目的在于顺利抵达，一匹马、一辆车足矣。过多的鞍马不过是徒增浪费，并无实际意义。"

晏子这种知足不贪、崇尚节俭的生活态度，不仅为齐国上下树立了良好的榜样，更成为后世传颂的佳话，激励人们在物欲横流的世界中，坚守内心的淡泊与宁静。

青春何苦多病，岂不以摄生为意耶？

（选自范仲淹《告诸子及弟侄》）

译文

青春年少之时为何饱受多病之苦，难道不是因为不把养生健体放在心上吗？

解读

青春本应活力满满，可为何有人却疾病缠身？原因或许就在于不重视养生。在青春阶段，许多人仗着年轻肆意挥霍身体，比如经常熬夜、暴饮暴食、缺乏运动等。然而，长期忽视养生，会埋下隐患。养生并不是老年人的专利，年轻时养成良好的生活习惯，如规律作息、合理饮食、适度锻炼，不仅能减少疾病侵扰，还能让青春绽放出更绚烂的光彩，拥有充沛的精力去追逐梦想。

鲁迅：在忙碌与健康间的挣扎

鲁迅先生是中国现代文学的旗手，他生活在民国时期，一心系于改造国民精神，日常生活被写作、翻译、编辑刊物及参与文化活动填满，常常忽视自身健康。

鲁迅工作起来废寝忘食。为了能尽快将犀利的文章呈现在大众面前，他常常在昏暗的灯光下通宵达旦地写作。据他的妻子许广平回忆，鲁迅的书房总是在深夜还亮着灯。他沉浸在创作中，仿佛忘却了时间和身体的疲惫。

为了保持清醒，鲁迅养成了大量吸烟的习惯，这却在无形之中侵蚀着他的身体。同时，由于长期不规律饮食，使他的肠胃功能严重受损。

1930 年起，鲁迅的身体状况越来越糟糕。他时常感到乏力，频繁咳嗽，但这些症状并未让他停下忙碌的脚步。直至 1936 年，鲁迅的病情急剧恶化，肺病越发严重，频繁的咳嗽甚至让他难以正常写作。即便在这样的情况下，他仍坚持完成了《死》《女吊》等作品。

妻子许广平看着鲁迅日益憔悴的面容，心急如焚，多次劝他注意身体，鲁迅却总是放不下手中的笔。他深知自己的文字对于这个时代的意义，哪怕身体再不适，也想为唤醒民众多做一点儿。最终，在 1936 年 10 月 19 日，年仅 55 岁的鲁迅因肺病医治无效，与世长辞。

鲁迅的一生，为了理想与使命无时无刻不在忙碌，却忽视了健康。这告诫我们，在追求理想的道路上，要守护好自己的身体。

儿辈莫愁，人生自有定数，恶滋味尝些也有受用。

（选自任环《示儿书》）

译文

孩子们不要忧愁，人生自然有它的命运安排；品尝一些艰难困苦的滋味，对自己也是有好处的。

解读

生活不会总是一帆风顺的，遭遇挫折与困境在所难免。当面对成绩下滑、人际关系矛盾等不如意时，不应一味愁苦。那些历经的失败、委屈，会锤炼意志，让人在困境中学会坚持；会增长智慧，让人明白如何更好地应对生活。品过苦涩方知甘甜珍贵，这些“恶滋味”能让人更深刻地理解生活，在未来面对风雨时更加从容。所以，我们要明白，眼前的不顺只是成长的磨砺，未来会因这些经历而更精彩。

苏轼：在逆境中品味人生

苏轼，这位北宋的文学巨匠，一生宦海浮沉，屡遭贬谪，却始终以豁达之心面对人生的“恶滋味”。

苏轼因“乌台诗案”被贬黄州。初到黄州，他俸禄微薄，生活困窘，一家人的生计成了难题。从繁华的京城陡然落入这偏远之地，换作他人，或许会一蹶不振，但苏轼没有。他亲自耕种“东坡”之地，自号“东坡居士”，体验着劳作的艰辛，也收获着耕耘的快乐。

在黄州，他不仅要面对物质的匮乏，还要承受精神的压力。然而，他并未被这些“恶滋味”打倒，反而在困境中潜心创作。“莫听穿林打叶声，何妨吟啸且徐行。竹杖芒鞋轻胜马，谁怕？一蓑烟雨任平生。”这首《定风波》便是他在黄州时所作，充分体现了他豁达超脱的心境。仕途的不顺，生活的磨难，在他眼中不过是一场风雨，他总是以乐观的心态从容应对。

后来，苏轼又被贬至岭南惠州、海南儋州。岭南在当时是荒蛮之地，条件极为艰苦。但苏轼依然苦中作乐，“日啖荔枝三百颗，不辞长作岭南人。”这两句诗尽显他对生活的热爱。在儋州，他兴办教育，开化民智，把自己的知识和文化传授给当地百姓。

苏轼一生历经坎坷，但从不怨天尤人。他在困境中不断磨砺自己，留下了诸多传世佳作，成为后世令人敬仰的楷模。

家训关键词 宽宏大量

器量须大，心境须宽。

（选自吴麟征《家诫要言》）

译文

一个人的器量应当宏大，心境应该宽广豁达。

解读

生活中，人与人相处难免有分歧和矛盾，如果事事计较，只会徒增烦恼。拥有大器量，便能理解他人的不足，原谅无意的冒犯，以包容之心化解冲突。人生之路上，我们难免会遇到挫折和困难，如果困于一时的得失，就难以看到远处的风景。心胸宽广，才能在困境中保持乐观，把挫折当作成长的契机，收获从容豁达的人生。

舜帝：宽宏度量，德润古今

舜是远古时期中华大地上的一位部落联盟首领，有着非凡的品德和宽宏的度量，因此成了传颂千古的贤明君主典范。

舜的家庭环境十分复杂，母亲早逝，父亲瞽叟再娶后，继母和她的儿子象对舜极为不善。他们时常谋划如何谋害舜，以便夺取家产。有一次，瞽叟让舜去修缮谷仓，舜刚爬上仓顶，瞽叟就在下面纵火，企图烧死他。在危急关头，舜手持两个斗笠当作翅膀，从谷仓上跳下，这才幸运地逃过一劫。

面对如此恶毒的家人，舜没有怨恨。他逃生后，一如既往地孝顺父母，关爱弟弟。渐渐地，舜的贤名传遍了四方。

尧帝听闻后，对舜进行了多番考察。舜在历山耕种时，当地的百姓受他的感化，纷纷互相谦让田界；他在雷泽捕鱼时，渔民们也因他而学会了互相礼让渔场。他走到哪里，哪里就充满了和谐与友爱。尧帝对舜的表现十分满意，最终将部落联盟首领之位禅让给了他。

舜继位后，秉持着宽宏的度量治理天下。他任用贤能， 那些曾经反对他的人，只要有才能，他都不计前嫌，给予他们施展才华的机会。在处理部落间的纷争时，舜也总是以和平、宽容的方式去调解。他倡导各部落之间互相尊重、互相帮助，从而促进了整个部落联盟的团结与发展。

唯德学，唯才艺。不如人，当自励。

（选自李毓秀《弟子规》）

译文

注重品德学问，培养技能才艺。自己不如别人的时候，应当自我激励，努力赶上。

解读

在品德修养与才能技艺方面，若发觉自己不如别人，不应自卑气馁，而要自我激励、奋起直追。品德是做人的根本，才能和技艺是立足社会的本领，二者不可或缺。看到他人品德高尚，我们应反思自身的不足，学习他人的优点；见他人才艺出众，就以他人为榜样，勤奋练习。这不仅是对自我提升的要求，更是一种积极的人生态度。

张仲景：寒夜济苍生

东汉时期，南阳爆发大瘟疫。有户百姓家的孩子高烧昏迷，浑身长满紫斑。孩子的父亲冒着大雪冲进太守府，跪求太守张仲景救命。这位官员二话不说，提起药箱，顶着寒风赶到城郊。

张仲景先用银针扎穴位退烧，又让孩子喝下姜片、桂枝熬的药粥。他守了整整一夜，直到孩子退烧出汗。回去路上，随从嘀咕道："大人何必亲自给百姓看病？"张仲景看着满城办丧事的白布，严肃地说："当官不仅要会断案，更要懂得救人。"

从那天起，每月初一、十五，太守府便成了临时诊所。有位老婆婆咳血两个月，张仲景翻遍医书，调整药方，最终治好了她的怪病。十年间，他的诊桌上堆满《阴阳大论》等医书，写满各种病症的笔记。

看着家乡到处是新坟，张仲景痛心地说："我的家族十年间病死三分之二，不找到治病方法，怎么算读书人？"他辞官回乡，用二十年时间写下《伤寒杂病论》，记载了四百多种病症的治疗方法。有药商想买他的秘方，他坚决拒绝："医术是用来救人的，不能拿来赚钱！"

如今南阳医圣祠里，孩子们常模仿他诊脉的样子。老师指着"德济天下"的牌匾说："张仲景能成医圣，不仅因为医术高明，更因为他真心爱护百姓。就像马车要有两个轮子，品德和才能缺一不可！"

趣学家训，读懂中国智慧。

第五章 生活习惯

伍

一粥一饭，当思来处不易；半丝半缕，恒念物力维艰。

（选自朱用纯《朱子家训》）

译文

对于一碗粥、一顿饭，都应当想到它们来得不容易；对于衣服上的半根丝、半缕线，也要常常想到它们来得艰难。

解读

生活中点滴的物资都来之不易，不能随意浪费。这种理念，是对中华民族勤俭节约的美德的传承，能让我们更加珍惜生活，懂得感恩所有劳动者的付出。

克俭养德的季文子

季文子是春秋时期鲁国的执政大臣，位高权重，但他的生活却极为简朴。

有一次，一位鲁国贵族子弟来拜访季文子。他看到屋内的陈设简单朴素，季文子本人身着粗布衣衫，饮食清淡，不禁露出了惊讶与不屑的神情。他对季文子说："大人，您身为鲁国的执政大臣，为何家中如此寒酸呢？您看我，虽然不在执政者的位子上，但生活的享受一样不缺。这才是身份与地位的象征啊！"

季文子听后，表情严肃地答道："你只看到了眼前的享受，却未曾想到这些财富的来源。百姓们春耕夏耘，秋收冬藏，历尽辛苦，才收获了粮食，纺织出了衣物。每一粒粮食，每一缕丝线，都是他们用汗水换来的。我身为鲁国的执政大臣，更应该以身作则，感恩百姓们的付出，珍惜这些物资。如果我一味追求奢华，又如何能要求百姓们节俭度日，如何能使国家富足安康？"

公子听后，面露惭色，无言以对。季文子接着说道："我们的国家并不富裕，我克制自己的欲望，将节省下来的财物用于国家的建设，救济那些贫困的百姓，这是我的职责所在。"

季文子执政期间，不仅自己身体力行，还大力倡导节俭之风。在他的影响下，鲁国的官员们一改奢靡之风，百姓们也更加勤劳节俭，鲁国逐渐走向繁荣稳定。

家训关键词 节俭

由俭入奢易，由奢入俭难。

（选自司马光《训俭示康》）

译文

从节俭的生活转变为奢侈的生活是比较容易的，但从奢侈的生活转变为节俭的生活就很困难。

解读

当一个人习惯了节俭，开始追求奢侈的生活时，往往很容易适应。因为奢侈带来的舒适与享受，能迅速满足人们对物质的欲望，极具吸引力。然而，人一旦过上奢侈的生活，再想回归节俭的生活，就会困难重重。习惯了花钱大手大脚、享受高品质的物质生活，突然要降低生活标准，心理上会产生极大落差。所以，生活中我们要时刻保持清醒，不能随意丢弃节俭的美德，陷入过度奢侈的泥潭，要懂得珍惜资源，合理消费。

季羡林：质朴中的伟大坚守

在学界泰斗季羡林的身上，节俭并非一种刻意为之的姿态，而是深入骨髓的生活态度。

季羡林的穿着总是极为朴素的。他常年身着洗得发白的中山装或旧布衫，衣服上虽有岁月的痕迹，却干净整洁。他穿着一双鞋面磨损严重的老式布鞋，穿梭于校园的小径。有一次，一名新生入学时，误将季羡林当作学校的老工友，让他帮忙照看行李。季羡林欣然应允，毫无愠色。

季羡林的饮食也是十分简单的。每日三餐，多是青菜豆腐、馒头稀饭之类的粗茶淡饭。他常说，能吃饱即可，不必在饮食上耗费过多的精力与钱财，那些山珍海味于他而言，远不如家中的清粥小菜来得有食欲。

季羡林的住所更是处处彰显节俭之风。家中的陈设几十年如一日，陈旧的书桌、简易的书架，虽已斑驳，却坚强地担负着承载书籍的重任。他认为只要满足居住与读书写作的需求就已足够。

季羡林一生经历风雨无数，无论身处何种境地，他的节俭习惯从未改变。他用自己的行动告诉世人，真正的富足并非来自物质的奢华，而是源于内心的安宁与精神的充实。

黎明即起，洒扫庭除，要内外整洁。

（选自朱用纯《朱子家训》）

译文

天亮时就要起床，清扫庭院，使里里外外都保持整洁。

解读

清晨的劳作，能让人迅速摆脱困意，以清爽的状态迎接新的一天。而整洁的环境，能营造温馨舒适的氛围，有利于身心健康。此外，这种习惯还蕴含着自律精神，从日常小事做起，培养有条不紊的生活节奏。长期坚持下去，能塑造我们严谨的品格，为应对生活中的各种事务奠定良好基础，让我们在整洁有序中开启充实美好的每一天。

一屋不扫，何以扫天下

东汉时期，有位名叫陈蕃的少年，他自幼胸怀大志，饱读诗书，一心想要成就一番惊天动地的大事业。然而，他却对家中的琐事一概不理，认为那些不过是微不足道的小事，不值得他花费时间和精力。

一天，陈蕃父亲的好友薛勤前来拜访，当他走进陈蕃的书房时，不禁被眼前的景象惊呆了：屋内凌乱不堪，几乎没有落脚之处。薛勤皱了皱眉头，转身向陈蕃问道："年轻人，你为什么不打扫一下屋子来迎接客人呢？"陈蕃满不在乎地回答道："我是要干大事的人，怎么能被打扫房间这样的小事所束缚呢？"

薛勤听后，语重心长地说道："治理天下需要的不仅仅是远大的抱负和卓越的智慧，更需要从细微之处入手，培养脚踏实地的良好作风。如果你连自己的屋子都懒得打扫，那么又如何能够承担起治理国家、造福百姓的重任呢？"

陈蕃听了薛勤的话，顿时面红耳赤，羞愧不已。从那以后，陈蕃彻底改变了自己的态度。他开始从身边的小事做起，不仅将自己的生活打理得有条不紊，而且在学业和品德修养上也取得了巨大的进步，踏入了仕途。但他始终牢记"一屋不扫，何以扫天下"的教诲，为官清正廉洁，为百姓做了许多实事。

家训关键词 事先做好准备

宜未雨而绸缪，毋临渴而掘井。

（选自朱用纯《朱子家训》）

译文

应当在还没下雨的时候就把门窗关紧，不要等到口渴了才去挖井。

解读

“人无远虑，必有近忧。”事先做好准备，才能有条不紊、游刃有余。提前规划，能让我们在面对问题时更从容。如果事到临头才匆忙应对，往往会手忙脚乱，难以达到理想的效果，甚至可能造成无法挽回的损失。

生僻字注音 缪（móu）

诸葛亮巧筹粮草破难题

三国时期，蜀汉丞相诸葛亮为了兴复汉室，殚精竭虑。率军北伐时，他深知“兵马未动，粮草先行”的道理，于是将粮草筹备视为行军打仗的首要任务，并且凭借提前规划的卓越智慧，为蜀汉军队的首次胜利奠定了基础。

建兴五年（227年），诸葛亮首次北伐时，蜀汉与曹魏实力悬殊。曹魏坐拥中原，土地宽广，人口稠密，后勤补给便捷；而蜀汉位于偏僻的西南，道路险阻，粮草转运艰难。为应对这一难题，北伐前一年，诸葛亮便开始精心谋划。

诸葛亮先派遣得力将领深入汉中周边，勘察地形，寻找隐蔽且利于囤粮的山谷。同时，他组织百姓与士兵垦荒屯田，推广先进的耕种方法，使粮食产量显著提升。为解决运输难题，诸葛亮亲率工匠，日夜钻研，改良运输工具。经反复试验，最终发明木牛流马，大大提升了粮草的运输效率。同时，他结合地形、天气与敌军可能的动向，周密安排重兵沿途守护，以防曹魏军队突袭。

后来在北伐途中，曹魏将领曹真认为蜀军粮草难以为继，坚守不战，想以持久战拖垮蜀军。然而，诸葛亮凭借前期的精心筹备，使粮草源源不断输往前线。最终，蜀军在战场上占据主动，顺利向北推进。

诸葛亮正是凭借提前规划的习惯，化解了粮草难题，为蜀汉军队赢得先机。他的智慧与远见，为后世树立了不朽的典范。

家训关键词 **服饰得体**

衣贵洁，不贵华。上循分，下称家。

（选自李毓秀《弟子规》）

译文

衣服重在整洁干净，而不在于华丽。穿着要符合自己的身份，还要和家庭的经济条件相称。

解读

衣服重要的是干净整洁，而不是追求华丽高档。作为学生，穿着整洁，朴素大方，不应攀比名牌、追求奢华。买衣服要考虑家庭的实际情况。如果家里条件一般，却非要买昂贵的衣服，既给父母增添负担，也容易让自己养成不良的消费习惯。我们应把心思放在学习和品德修养上，用整洁得体的穿着展现青春活力，以朴素节俭的作风赢得他人尊重。

胡适：朴素衣着中的大家风范

胡适出身于一个文化底蕴深厚的家庭，自幼接受良好的教育，在个人修养方面有着极高的追求。

生活中，胡适始终秉持朴素的理念。无论是在校园，还是在其他社交场合，他常常身着一袭旧青布长衫。那长衫虽颜色略显暗淡，但干净平整，没有一丝皱褶。

在北京大学任教期间，胡适是新文化运动的倡导者之一，备受学生与学界同人的尊崇。然而，他并没有因为自己的声望和地位而改变质朴的生活态度和习惯，每天依旧穿着那身质朴的青布长衫穿梭于校园之中。

1938 年，胡适参加了一次国际文化交流研讨会。他身穿一袭款式简约、颜色素净且质地寻常的西装，脸上带着温和而谦逊的笑容，缓缓步入会场。再看其他各国的学者们，或衣着华丽，或配饰精美，这使胡适在人群中显得有些格格不入。然而他却淡然处之，只是专注于学术探讨，认真倾听每一位发言者的观点，时而微微点头，时而陷入沉思。当轮到他发言时，他以清晰流畅的英语引经据典，阐述自己对于文化传承与交流的深刻见解，赢得了众多学者的好感与尊重。

纵观胡适的一生，就像他那朴素的衣衫一样，虽不华丽，却永远散发着令人敬仰的光辉，成为后人学习的楷模与典范。

家训关键词 远离是非之地

斗闹场，绝勿近。邪僻事，绝勿问。

（选自李毓秀《弟子规》）

译文

容易发生争斗的不良场所，千万不要靠近。邪恶怪僻、荒诞不经的事情，绝对不要去打听。

解读

日常生活中，我们一定要注意远离有争斗的是非之地，少打听或参与怪诞离奇的事，防止被卷入其中。青少年正处于价值观形成的关键时期，更应保持清醒，自觉抵制外界不良诱惑，主动远离是非之地与不良之事，守护内心纯净，在积极健康的环境中成长，养成良好的品德与行为习惯。

柳公权：正心守节，不沾邪僻

柳公权，唐代著名的书法家。他的书法骨力劲健，为人刚正不阿。他一生坚守正道，从不沾染丝毫邪僻之事。

早在少年时，柳公权就凭借其卓越的书法技艺在宫廷中备受尊崇，然而，他并未因身处富贵荣华之地而迷失自我。当时，宫廷中宦官专权，彼此争权夺利，形成了一个个黑暗的“斗闹场”。一些心怀不轨的宦官知道柳公权深受皇帝赏识，便许以高官厚禄，企图拉拢柳公权，希望能将他纳入自己的阵营。面对这些诱惑，柳公权不为所动。

此外，由于柳公权的书法名声远扬，无数人都渴望得到他的墨宝。其中有一位富商，因为违法乱纪受到了朝廷的查办，他妄图用柳公权的墨宝来为自己疏通关系，减轻罪责。于是，那位富商带着满满一箱金银财宝前来求字，并暗示柳公权这字背后的“特殊用途”。柳公权怒不可遏，当即斥责富商的无耻行径，将其逐出门去。

柳公权始终专注于书法技艺的提升和修养的磨砺。他常说：“心正则笔正。”这句话不仅是对书法之道的深刻领悟，更是他对自己一生坚守正道的总结。

用人物，须明求。倘不问，即为偷。

（选自李毓秀《弟子规》）

译文

如果要用别人的东西，必须明确地向对方提出请求。倘若你没有询问就拿来用，就是偷窃的行为。

解读

当我们须要使用别人的东西时，一定要明确地向对方提出请求，获得许可后再用。这不仅是对他人财产权的尊重，更是遵守基本道德规范的体现。如果未经他人同意就擅自取用他人物品，哪怕只是一个小物件，本质上与偷窃无异。养成使用他人的物品前获得许可的习惯，有助于培养个人的自律意识和责任感，同时也能维护良好的人际关系。

许衡：梨虽无主，我心有主

元朝初期，有一位著名的学者名叫许衡，他品德高尚、学识渊博，一生都秉持着严谨的做人准则。

一天，烈日炎炎，许衡与众人正一同赶路，又累又渴。这时，他们发现路边有一棵梨树，树上挂满了成熟的梨子，黄澄澄的，十分诱人。同行的人见此纷纷跑去摘梨子解渴，唯有许衡站在原地，不为所动。

有人见状，便对许衡喊道："许先生，这梨子无人看管，您也来摘几个，解解渴吧。"许衡摇了摇头，神色凝重地说："这梨树并非我所有，未得主人允许，怎能随意摘取呢？"众人一听，都笑他迂腐。其中一人甚至反驳他说："这里是荒郊野外，梨树的主人也不在，何必如此拘泥？"许衡听后，严肃地说道："梨虽无主，但我的心有主。即使主人不在眼前，也不能违背规矩，擅自取用。倘若不问而取，这与偷盗又有什么区别呢？"

许衡始终坚守自己的信念，他认为，无论是在有人监督还是无人知晓的情况下，都应遵循基本的行为准则。这种操守不仅是对他人财产的尊重，更是有修养、有礼貌的表现。

许衡的故事流传至今，成了人们传颂的佳话，也成了教育后人的典范。

或饮食，或坐走，长者先，幼者后。

（选自李毓秀《弟子规》）

译文

无论是饮水吃饭，或是坐卧出行，应该长辈优先，晚辈在后。

解读

在日常生活中，无论是饮食进餐，还是就坐、行走，都应礼让年长者。比如一家人吃饭时，要等长辈先动筷；在入座时，先请长辈在合适的位置落座；行走时，也应礼让长辈在前。通过这些细节，我们逐渐养成尊重长辈、长幼有序的习惯，营造温馨和睦的家庭与社会氛围。

黄庭坚：事亲至孝，长幼有序

黄庭坚，北宋著名的文学家、书法家，他不仅以卓越的才华在文坛、书坛独树一帜，而且以日常生活中长幼有序的行为彰显纯孝之德。

黄庭坚自幼侍奉母亲，极为孝顺。家中每次用餐时，黄庭坚必先侍奉母亲用餐，然后他自己才会动筷。平日里，他会细心观察母亲的口味喜好，常常亲自下厨为母亲烹制美味佳肴，力求让母亲吃得舒心满意。

后来，母亲年事渐高，行动越发不便，黄庭坚对母亲起居坐卧的照顾便更加细致入微。每当母亲行走时，他便搀扶着母亲，小心翼翼地陪伴其左右。除此以外，黄庭坚为母亲做的最为人称道的事情，便是亲自为母亲洗涤溺器。在那个时代，这种事情通常由家中仆人来做，但黄庭坚认为，照顾母亲是自己的责任与义务，他人无法替代。因此，他常常自己清洗母亲使用过的溺器，不嫌弃脏臭，不抱怨辛苦，只为给母亲提供一个清洁卫生的生活环境。

他的这种行为并非一时兴起，而是日复一日，年复一年，始终如一。无论是年少成名之时，还是仕途奔波之际，乃至自己也已年迈体弱，他对母亲的孝顺也从未有过丝毫懈怠。

黄庭坚用自己的实际行动诠释了什么是真正的孝道与长幼有序，他的故事也成了后世传颂的典范。

列典籍，有定处。读看毕，还原处。

（选自李毓秀《弟子规》）

译文

排列经典书籍，要有固定的位置。读完一本书后，要把它放回原处。

解读

当我们阅读完书籍后，必须放回原处。这看似简单的举动，实则意义重大：它能培养良好的习惯，让我们下次使用时能迅速找到。在学校图书馆，若人人遵循此道，图书管理将会更高效，大家借阅将会更便捷。在家里，这样做也能营造良好的学习环境，让阅读与学习更有序。久而久之，个人的自律性与条理性也会得到提升。

司马光：爱书成癖，惜书有道

司马光自幼喜欢读书，并十分爱护书籍。他的家里有上万册书籍，有些书他翻看了很多遍，却依然很干净，没有丝毫折损，就像新的一样。

在日常阅读过程中，司马光总会先把书桌擦干净，再铺上干净的桌布，最后才把书放到上面阅读。每次翻书时，他总是小心翼翼，确保纸张不会被折损或撕裂。若是站着读书，则用方板托住书。若遇书中有轻微破损之处，他便会立即停下阅读，取来笔墨纸砚，以极其精湛的手艺仔细修补。

对于书籍的存放，司马光更是讲究至极。他专门制作了一些精致的书架，每个书架皆划分出明确的区域，经、史、子、集，各归其位，井然有序。每当阅读完毕，他必定会将书籍仔细整理，恭恭敬敬地放回原处。

每年从三伏天的头伏到重阳节期间，只要天气晴朗，司马光就会在院子里摆上几案，将书侧放在上面晾晒。因此他的书虽年深日久，却没有发霉、生虫，保存得崭新如初。

司马光不仅自己爱护书籍，还将爱书的理念传递给儿子司马康："商人爱护自己的钱财，我们读书人应该爱护自己的书籍。"在他的影响下，家中子弟都养成了爱护书籍的好习惯，整个府邸弥漫着浓郁的书香气息。

家训关键词 不慌张、不畏难

事勿忙，忙多错。勿畏难，勿轻略。

（选自李毓秀《弟子规》）

译文

做事不要慌张忙乱，因为忙乱之中容易出错。不要害怕困难，也不要轻视和忽略看似简单的事情。

解读

面对事务时，切不可匆忙行事，因为忙中往往容易出错。应沉稳冷静，厘清思路，有条不紊地推进，这样才能提高成功率。同时，也不要畏惧困难。每一个困难都是成长的契机，勇敢面对，努力克服，才能提升我们解决问题的能力。只有以认真、严谨的态度对待每一件事，才能把事情做好，不断积累经验，收获成长。

詹天佑：沉稳筑路，无畏攻坚

詹天佑，中国近代铁路工程专家。1905 年，詹天佑被任命为京张铁路总工程师，担负起修建京张铁路的重任。

京张铁路修建过程中困难重重。詹天佑接手工程后，并没有急于动工。他深知铁路修建容不得半点马虎，便带领团队翻山越岭，进行实地勘测。他背着仪器，在陡峭的山峦间攀爬，详细记录地形、地质等数据，反复论证每一处线路规划。

修建过程中，居庸关和八达岭的隧道工程堪称“拦路虎”。山体岩石坚硬，而技术设备落后，开凿难度极大。但詹天佑毫不畏惧，他仔细研究山体结构，精心设计了“竖井开凿法”和“人”字形线路，有效地解决了坡度大、火车爬坡难的问题。施工时，他整日驻扎在工地，与工人一同劳作，不放过任何安全隐患和技术细节。

此外，资金短缺也是一大难题。为了解决资金问题，詹天佑四处奔走，同时严格把控预算，精打细算，绝不浪费一分一毫。面对外国列强的质疑与嘲讽，他没有退缩，而是以坚定的信念鼓舞团队。

最终，京张铁路提前两年竣工，且质量上乘，震惊了世界。詹天佑凭借不盲目求快的沉稳态度，面对困难无畏无惧，对待细节一丝不苟，为中国铁路建设书写了壮丽篇章，成为民族骄傲。

精英家教课

中国家书

郄亚威　编　锄豆文化　绘

现代教育出版社
Modern Education Press

图书在版编目（CIP）数据

中国家书 / 郄亚威编 ; 锄豆文化绘. -- 北京 : 现代教育出版社, 2025. 4. -- (精英家教课). -- ISBN 978-7-5106-9751-7

Ⅰ. I26

中国国家版本馆CIP数据核字第2025KG0827号

书　　名	精英家教课·中国家书
编　　者	郄亚威
绘　　者	锄豆文化
选题策划	冯小铨　徐　琰
责任编辑	冯小铨
封面设计	王淑聪
出版发行	现代教育出版社　邮编：100120
地　　址	北京市东城区鼓楼外大街26号荣宝大厦3层
电　　话	010-64252230（编辑部）
印　　刷	三河市祥达印刷包装有限公司
开　　本	710 mm × 1000 mm　1/16
印　　张	16
字　　数	200千字
版　　次	2025年4月第1版
印　　次	2025年4月第1次印刷
书　　号	ISBN 978-7-5106-9751-7
定　　价	69.80元（全2册）

版权所有 翻印必究

目录

每一封家书都是中国父母对子女深情的告白，蕴含着智慧与期望，为后辈的成长和人生之路指明方向。

第1课 愿你的善良带点儿锋芒

节选

本质的善良，能抵御任何风浪

我觉得最主要的还是本质的善良，天性的温厚，开阔的胸襟。有了这三样，其他都可以逐渐培养；而且有了这三样，将来即使遇到大大小小的风波也不致变成悲剧。

今注

“本质的善良，天性的温厚，开阔的胸襟”这三种品质，傅雷是很看重的。他认为这三种品质是做人的基础，是人生之路上面对风浪的基石。他不仅要求自己的儿子具备这三种品质，也让儿子把这三点作为选择终生伴侣的基本要求。我们在培养自己的品格和交友时，也可以参考和借鉴。

心地善良，就很好了

你出国七八个月，写回来的信并没什么过火之处，偶尔有些过于相信人或是怀疑人的话，我也看得出来，也会打些小折扣。一个热情的人，尤其是青年，过火是免不了的；只要心地善良、正直，胸襟宽广，能及时改正自己的判断，不固执己见，那就很好了。

今注

善良是人生的底色。无论在世界的哪个角落，善良都是一种通用的语言。善良是你在下雨天为流浪的小动物撑起的伞，善良是你在有余力的情况下向他人伸出的援手。善良会让你拥有更多的快乐，因为你会发现自己是被人需要的，是有价值的，而善良的人也终将被世界温柔以待。

懂得感恩，也是一种善良

六弟、九弟之岳家，皆寡妇孤儿，槁（gǎo）饿无策。我家不拯之，则孰拯之者？我家少八两，未必遂为债户逼取；渠得八两，则举室回春。贤弟试设身处地，而知其如救水火也。彭王姑待我甚厚，晚年家贫，见我辄泣。兹王姑已没，故赠宜仁王姑丈，亦不忍以死视王姑之意也。腾七，则姑之子，与我同孩提长养。各舅祖，则推祖母之爱而及也。

节选 曾国藩家书

大意

六弟和九弟的岳父母家都是寡妇孤儿，穷困饥饿却束手无策。我家不去救济他们，那谁去救济呢？我家少八两银子，不一定受债主逼迫；他们有了八两银子，则全家会渡过难关。贤弟试着设身处地为他们着想，便知道这好比是救人于水深火热之中啊！彭王姑对我很好，她晚年家贫，看见我就哭。现在她老人家已经过世，所以我要分赠一些银两给宜仁王姑丈，也是不忍因王姑死了就不念旧情的缘故。分赠一些银两给腾七，因为他是姑母的儿子，与我从小一起长大。分赠一些银两给各舅祖，是因为将对祖母的爱推及他们。

今注

我们应该时刻铭记那些曾经对我们伸出援手的人，心怀感念，及时报答，也要不吝伸出援助之手。也许正是因为你的善举，他们才能从困境中解脱。我们这样做并不是为了炫耀自己的豪爽和仗义，而是出于真诚的善意和对他人困境的深切理解，以及感恩他们曾经给予我们的帮助。

谢谢你，
不计得失，伸出援手。

真正的善良，不问得失

节选

凡仁心之发，必一鼓作气，尽吾力之所能为。稍有转念，则疑心生，私心亦生。疑心生，则计较多而出纳吝矣；私心生，则好恶偏而轻重乖矣。使家中慷慨乐与，则慎无以吾书生堂上之转念也。使堂上无转念，则此举也，阿兄发之，堂上成之，无论其为是为非，诸弟置之不论可耳。向使去年得云贵、广西等省苦差，并无一钱寄家，家中亦不能责我也。

大意

凡是行仁义的念头一产生，一定要一鼓作气，尽自己的力量去做，稍微有转变的念头，迟疑之心就会产生，私心杂念也就随之而生。迟疑之心一产生，计较就多了，钱财出手时吝啬之心便产生了；私心一产生，那么好恶就会发生偏差，轻重也将失去标准。假如家里慷慨乐施，那请千万不要因为我的信而使堂上大人改变想法。要使堂上大人不改变想法，那这个举措便由我发起，由堂上大人成全，不管是对是错，弟弟们可以放在一边不去管它。假如去年我得的是云南、贵州、广西等地的苦差，没有寄回家一分钱，家里也是不能责怪我的。

今注

在决策任何事情时，一旦开始权衡利弊、患得患失，那么行为就会大打折扣。也许一时的善良需要我们多付出一些，但帮助别人之后内心的快乐亦是最大的回报。

第2课 用十分的努力，打败每一个糟糕的日子

但问耕耘，不问收获

节选

总之，你为大众服务作事之心甚诚，随处可见，即此就宜于做事。但究竟做什么事还不知道，俟（sì）你有所认定之后，当然要先从此项学问入手，嗣则要一边做，一边研究，边学边做，边做边学，终身如此努力不已。至于成就在事抑在学，似不可管，即有无成就，亦可不管，昔人云：“但问耕耘，不问收获。”是也。

今注

梁漱溟在这封家书中阐述了“但问耕耘，不问收获”的人生观。我们在学习和做事的时候，先不要考虑能不能成功，而要先付出行动与努力。虽然结果也很重要，但是在你努力的过程中，不要只关注结果，而是要掌握努力的方向和做事的方法。你的前程，就藏在你不断地播种之中。

天赋决定上限，努力决定下限

是故聪与敏，可恃而不可恃也；自恃其聪与敏而不学者，自败者也。昏与庸，可限而不可限也；不自限其昏与庸，而力学不倦者，自力者也。

大意

聪明和敏捷，可以依靠却也不可以依靠；依靠着自己的聪明与敏捷而不努力学习的人，就是自毁前程的人。愚笨和平庸，有所局限但也无所限制；不被自己的愚笨和平庸所限制，而努力学习、孜孜不倦的人，就是能成就自己的人。

今注

如果头脑聪明却不肯付出努力，那这聪明也就不再重要。其实生活中很多事情能否做成，并不是由智商决定的。例如，如果你每天能够少玩一个小时手机，多读十页书，你就赢过了大多数人。如果能够坚持下去，你就超过了绝大多数人。所以，不要吝惜你的勤奋与努力。

节选　彭端淑《为学一首示子侄》

节选

精彩的人生，不过是厚积薄发

新遭祖父之丧，来禀无哀痛语，殊非知礼。汝年幼姑勿责也。汝等能升级固善，不能也不必愤懑。但向果能用功与否，若既竭吾才则于心无愧。若缘怠荒所致，则是自暴自弃，非吾家佳子弟矣。闻汝姊言，汝等颇知习在苦学俭朴，吾心甚慰，宜益图向上。吾再听汝姊考语，以为忧喜也。

大意

最近遭遇了祖父的丧事，来信时你们没有表达出哀痛的话语，这不符合礼仪。你们年幼，暂且不责备你们。你们能取得进步当然很好，不能也不必十分气愤。无论结果能否取得成功，只要竭尽全力就问心无愧。如果是因为懈怠荒废所导致，那就是自暴自弃，不是我们家的好孩子了。听你们的姐姐说，你们学习很勤奋，生活很俭朴，我感到非常欣慰，你们应该更加努力。我再听你们姐姐的评语，心中喜忧参半。

今注

梁启超的九个子女在各自领域都取得了卓越的成就，他们的优秀跟梁启超的教育不无关系。在这封家书选文中，梁启超告诫孩子们，在学习和追求成功的道路上要勤奋付出、竭尽全力，即使结果不如意，也无愧于心。在学习中，我们要专注于当下，不能只空喊口号，而不付诸行动。

人生没有如果，必须全力以赴。

第3课 努力提升自己，不必仰望别人

拥有被批评的勇气，方可成事

只要你记住两点：必须有不怕看自己丑脸的勇气，同时又要有冷静的科学家头脑，与实验室工作的态度。唯有用这两种心情，才不至于被虚伪的自尊心所蒙蔽而变成懦怯，也不至于为了以往的错误而过分灰心，消灭了痛改前非的勇气，更不至于茫然于过去错误的原因而将来重蹈覆辙。子路“闻过则喜”，曾子的“吾日三省吾身”，都是自我批评与接受批评的最好的格言。

今注

能够正视自己的缺点是一件勇敢的事，因为只有清楚地知道自己的缺点，才能进行精准的自我批评和自我提升。金无足赤，人无完人。每个人都有缺点，要学会接受不完美的自己。正确地认识自己，冷静地处理问题，才能少走弯路，不断向目标迈进。

节选 傅雷家书

我们都是一路失去，一路成长

塞翁失马，未始非福。你比一般青年经历人事都更早，所以成熟也早。这一回痛苦的经验，大概又使你灵智的长成进了一步。你对艺术的领会又可深入一步。

今注

人的一生就是不断失去的过程，我们会失去玩具，失去宠物，失去朋友，失去亲人……面对失去固然痛苦，但同时这也是让自己内心强大的过程。拥有面对失去的勇气，努力提升自己，本身就是一种成长。

潇洒安康，天君无系。亭亭鼎鼎，风光月霁。以之读书，得古人意；以之立身，踞豪杰地；以之事亲，所养惟志；以之交友，所合惟义。惟其超越，是以和易。光芒烛天，芳菲匝地。深潭映碧，春山凝翠。寿考维祺，念之不昧。

节选 王夫之家书

大意

为人洒脱恢宏，安详和顺，心无牵系。盛大广阔的高洁之心，犹如雨过天晴，一片明净的景象。用这样的态度去读书，就能领略古人的意境；用这样的胸怀来立身处世，便如同立于豪杰之地；这样去侍奉双亲，便能涵养出高尚的志节；这样去交友，就能处事皆合义理。正是因为有这样恢宏超然的气度，所以能如此温和平易。拥有这样品性的人如光芒照耀天际，又如花草芳香，遍及大地。如渊深的潭水，澄澈映照，又如同春天的青山，苍翠浓绿。能够享高寿、致吉祥，终身谨念不失。

今注

做人要把自尊自爱和品行高洁放在首位，不要沾染庸俗卑劣的习气。不要追名逐利，要堂堂正正、光明磊落。拥有这样的品性，才能更好地读书学习、与人交往、立身处世。

第4课

敢于突破，才能成为引领者

节选

想，都是问题；做，才有答案

四川菜园极大，沟浍（kuài）终岁引水长流，颇得古人井田遗法。吾乡一家园土有限，断无横沟，而直沟则不可少。吾乡老农虽不甚精，犹颇认真，老圃则全不讲究。我家开此风气，将来荒山旷土，尽可开垦种百谷杂蔬之类。如种茶，亦获利极大。吾乡无人试行，吾家若有山地，可试种之。

大意

四川的菜园极大，沟渠终年引水灌溉，很符合古人的井田制。我们家乡每户人家的菜园土地面积有限，没有横沟，但直沟不可少。我们家乡的老农，虽然技艺不是很精湛，但做事都很认真，老菜农就完全不讲究方法了。我们家要开创这种风气，将来荒山旷土，都可以开垦出来种上粮食蔬菜。比如种茶，获利也很大，我们家乡没有人试种，我家如有山地，可以尝试种植。

今注

曾国藩在这封家书里，将四川的菜园与他家乡的菜园作了对比。他希望家里人能够研究耕种方法，开创风气，开荒种粮，还提议在家乡试种茶叶。学习如同种菜，要找到适合自己的方法，多学习他人之长，敢于打破常规，不断探索，发现新事物。

只有创新，才能引领

可叹学问和感受和心灵往往碰不到一起，感受和心灵也往往不与学问合流。要不然人类的文化还可大大的进一步呢！巴托克听了伊虚提演奏他的《小提琴协奏曲》后说：“我本以为这样的表达只能在作曲家死了长久以后才可能。”可见了解同时代的人推陈出新的创造的确不是件容易的事。

今注

很多新事物开始推行的时候往往不被大众理解，甚至是被反对和打击的对象。在时代的背景下，推陈出新不仅需要有创意，也需要很大的勇气。模仿和学习很容易，但是只有突破和创新才能成为时代的引领者。

创新和突破勿停留在表面

节选

你去年一到波兰，弹 Chopin[萧（肖）邦] 的 style（风格）立刻变了；回国后却保持不住；这一回一到波兰又变了。这证明你的感受力极快。但是天下事有利必有弊，有长必有短，往往感受快的，不能沉浸得深，不能保持得久。去年时期短促，固然不足为定论。但你至少得承认，你的不容易“牢固执著（着）”是事实。我现在特别提醒你，希望你时时警惕，对于你新感受的东西不要让它浮在感受的表面；而要仔细分析，究竟新感受的东西和你原来的观念、情绪、表达方式有何不同。这是需要冷静而强有力的智力，才能分析清楚的。希望你常常用这个步骤来“巩固”你很快得来的新东西（不管是技术是表达）。长此做去，不但你的演奏风格可以趋于稳定、成熟（当然所谓稳定不是刻板化、公式化），而且你一般的智力也可大大提高，受到锻炼。孩子，记住这些！深深地记住！还要实地做去！这些话我相信只有我能告诉你。

今注

有时候，我们的优点会阻碍我们进步。比如善于创新却无法深入研究，就不能为自己所掌握。只有在保持自己创新性的同时将新东西巩固下来，才能持久地成长和进步。

第5课

唯有保持健康，方能行至千里

节选

身体好源自生活习惯好

澄弟之病日好，大慰大慰！此后总以戒酒为第一义。起早亦养身之法，且系保家之道。从来起早之人，无不寿高者。吾近有二事效法祖父，一曰起早，二曰勤洗脚，似于身体大有裨（bì）益。望澄弟于戒酒之外，添此二事，至嘱至嘱！

大意

澄弟的病已渐渐好转，我非常欣慰，非常欣慰！今后应以戒酒为第一要事。早起也是养生之法，并且是保持家道的方法。早起的人，没有不长寿的。我近来有两件事效法祖父——一是早起，二是勤洗脚，这似乎对身体大有好处。希望澄弟除戒酒之外，再增添这两件事，切记切记！

早睡早起，作息规律。

今注

对于如何保持身体健康，曾国藩有自己独到的见解，他在写给弟弟的信中提到了三点建议：戒酒、早起和勤洗脚。我们都知道酒对身体的危害很大，长期饮酒可能会导致高血压，诱发心脏病等。早睡早起有助于养成健康合理的作息习惯。勤洗脚可以促进血液循环，缓解疲劳。养成这些好习惯，有利于身体健康。

身体健康是学习的基础

来复日必须休息，且须多游戏运动。（可与诸师商，每来复最多勿过十时。因自修尚费多时也，可述吾意告之，必须听言，切勿着急。）从前在大同学校以功课多致病，吾至今犹以为戚。

大意

星期日必须休息，而且要多做游戏、多运动。（可以和各位老师商量，每个星期日学习时间最多不要超过十个小时。因为自学还要花费很多时间，可以将我的意思告诉他们，必须听别人说的话，千万不要着急。）从前你在大同学校因为功课多生病，我到现在还觉得难过。

今注

梁启超在得知女儿要增加每周的学习量时，劝诫女儿要以身体健康为重。我们在学习时也要注意劳逸结合，合理安排学习和休息时间，丰富课余生活，保持积极乐观的心态。只有身体健康，我们的学习才能更进一步。

管住自己就是留住健康

大儿在京，闻睡时甚迟，交友尤多，未知染此癖否？当驰函痛戒之。夫人如发信去，亦须提及，毋使余担心也。次儿、三儿在家，承夫人督教，当不至此。惟闻族中子弟亦有乐此不疲者，一入黑籍，身体即隳（huī），今后将永远提不起精神，办不成大事，是亦林氏之不幸也。未知彼父兄所司何事，而竟放任至此，是真咄咄怪事。

大意

大儿子在京城，听说他很晚才睡，所交朋友尤其多，不知是否沾染上烟瘾？我应该尽快写信严厉劝诫他！夫人如果写信，也须提及，千万不要让我担心。二儿子、三儿子在家，有夫人监督教导，应当不至于有这种忧患。只是我听说族中子弟也有吸食鸦片乐此不疲的，一旦染上烟瘾，身体就毁了，今后将永远提不起精神，也办不成大事，这将是林氏家门的不幸。不知他们的父兄都在干什么，竟然对他们放任到这个地步，真是咄咄怪事。

今注

林则徐听说自己家族中有子弟吸食鸦片，痛心疾首。因为大儿子不在身边，所以担心他染上烟瘾。鸦片是一种毒品，会严重危害我们的身心健康，我们应珍爱自己的生命，远离毒品，还要懂得明辨是非，学会自我约束和自我管理。

第6课 不被物欲捆绑，才能与快乐相伴

节选

管理好收支，积累住财富

但所谓物质保障首先要看你的生活水准，其次要看你会不会安排收支，保持平衡，经常有规律的储蓄。生活水准本身就是可上可下，好坏程度、高低等级多至不可胜计的；究竟自己预备以哪一种水准为准，需要想个清楚，弄个彻底，然后用坚强的意志去贯彻。唯有如此，方谈得到安排收支等等的理财之道。

…………

你一向还认为朴素是中国人的美德，尤其中国艺术家传统都以清贫自傲：像你目前的起居生活也谈不到清贫，能将就还是将就一下好。有了孩子，各式各样不可预料的支出随着他年龄而一天天加多；即使此刻手头还能周转，最好还是存一些款子，以备孩子身上有什么必不可少的开支时应用。

花钱有计划，
生活更从容。

今注

物质是生活的保障，财富是实现生活保障的物质基础。生活需要精打细算，管理好收支，不能过度节约，也不能铺张浪费，要合理规划自己的消费，有规律地存一些钱。这样做，既可以应对必不可少的消费压力，又可以使生活更加自由和从容。

勤俭就是做好点滴小事

吾家累世以来，孝弟勤俭。辅臣公以上吾不及见，竟希公、星冈公皆未明即起，竟日无片刻暇逸。竟希公少时在陈氏宗祠读书，正月上学，辅臣公给钱一百，为零用之需。五月归时，仅用去一文，尚余九十九文还其父。其俭如此。星冈公当孙入翰林之后，犹亲自种菜、收粪。吾父竹亭公之勤俭，则尔等所及见也。今家中境地虽渐宽裕，侄与诸昆弟切不可忘却先世之艰难。有福不可享尽，有势不可使尽。“勤”字工夫，第一贵早起，第二贵有恒。“俭”字工夫，第一莫着华丽衣服，第二莫多用仆婢雇工。

大意

我们曾家，历代以来都保持着孝顺父母、敬爱兄长、勤俭节约的家风。高祖辅臣公以上各代我没见过，曾祖竟希公、祖父星冈公等都是天还没亮的时候就起床，整天没有片刻闲暇逸乐。竟希公年少时在陈氏宗祠读书，正月上学，辅臣公给他一百文钱作零用钱，到五月回家时，只用去一文钱，还剩九十九文还给他父亲。他就是如此节俭。星冈公在他的孙辈入了翰林院之后，仍亲自种菜、收粪。我父亲竹亭公的勤俭，则是你们亲眼看到的。现在家中虽逐渐宽裕，侄儿你和兄弟千万不能忘记前辈们的艰难。有福分不能享尽，有权势也不能使尽。

"勤"字的素养，第一贵在每天早起，第二贵在有恒心。"俭"字的素养，第一不要穿华丽的衣服，第二不要过多地用仆人、婢女和雇工。

今注

勤俭节约，是一种适度、节用、合理的生活态度，是中华民族的传统美德。勤俭节约应从我们日常生活中的点滴小事做起：珍惜时间，不沉迷于玩耍；合理消费，不乱花钱，不向父母提无理要求；珍惜粮食；爱护物品；等等。人人厉行勤俭节约，有助于营造良好的社会风气。

一粥一饭，当思来处不易。

第7课

努力做到“刚刚好”把握分寸受益一生

读书需张弛有度

抑有欲为吾侄告者，读书须勤，然亦须有分寸。吾侄身体本不甚健硕，若再焚膏继晷，孜孜矻（kū）矻，则损害其身，殊非浅显。身体一弱，则虽有志进取，而亦苦于精力不继，读亦不能记忆，有何益哉！

大意

或许有人想告诉你，读书必须勤奋，但是我认为勤奋也必须把握好分寸。你的身体本来就不是特别健壮结实，如果再不分白天黑夜地努力读书，孜孜不倦、勤奋不懈，就会损害自己的身体，这样是特别浅薄的。身体一旦虚弱，那么即使心怀不断进取的志向，也会因为精神体力不能持续支撑而感到痛苦，读了很多书也记不住，又有什么好处呢？

今注

读书求学的确需要勤奋与努力，但不顾身体健康，过度学习，是不提倡的，因为这样做对身体有损，对学业无益。我们在读书求学时应张弛有度，劳逸结合。

节选 胡林翼家书

竭尽全力不是耗干自己

练琴一定要节制感情，你既然自知责任重大，就应当竭力爱惜精神。好比一个参加世运的选手，比赛以前的几个月，一定要把身心的健康保护得非常好，才能有充沛的精力出场竞赛。俗语说“养兵千日”，“养”这个字极有道理。

今注

生活中，做任何事都需要注意把握分寸。为了定下的目标，竭尽全力是必要的，但是并非没有节制，一定要兼顾自己的身心健康，不要过度疲累和消耗自己。备战考试，学累了，要适当停下来休息；准备钢琴比赛，练习疲倦了，也要适当放松身心。把握好分寸，付出的努力才能取得相应的成效。

修炼自己不被情绪左右

你为了俄国钢琴家兴奋得一晚睡不着觉；我们也常常为了些特殊的事而睡不着觉。神经锐敏的血统，都是一样的；所以我常常劝你尽量节制。那钢琴家是和你同一种气质的，有些话只能加增你的偏向。比如说每次练琴都要让整个人的感情激动。我承认在某些 romantic（浪漫底克）性格，这是无可避免的；但“无可避免”并不一定就是艺术方面的理想；相反，有时反而是一个大累！为了艺术的修养，在 heart（感情）过多的人还需要尽量自制。中国哲学的理想，佛教的理想，都是要能控制感情，而不是让感情控制。假如你能掀动听众的感情，使他们如醉如狂，哭笑无常，而你自己屹如泰山，像调度千军万马的大将军一样不动声色，那才是你最大的成功，才是到了艺术与人生的最高境界。你该记得贝多芬的故事，有一回他弹完了琴，看见听的人都流着泪，他哈哈大笑道：“嘿！你们都是傻子。”艺术是火，艺术家是不哭的。这当然不能一蹴即成，尤其是你，但不能不把这境界作为你终生努力的目标。罗曼·罗兰心目中的大艺术家，也是这一派。

今注

喜怒哀乐是人类情感丰富的表现，但大喜大悲、喜怒无常就不好了，它容易使我们陷入情绪失控的漩涡，影响我们接下来做事的方向和成效。我们应做一个情绪稳定的人，例如：过滤掉生活中无意义的事；降低期盼，不给自己太大的压力；调整心态，以合理的方式释放压力……我们要不断修炼自己，不被情绪左右。

做一个情绪稳定的人，是一生的修炼。

第8课 认清自己，勇于突破舒适区

节选

欲进步，自我批评少不得

批评与自我批评所以能成为有力的武器，也就在于它能培养冷静的科学头脑，对己、对人、对事，都一视同仁，做不偏不倚的检讨。而批评与自我批评最需要的是勇气，只要存着一丝一毫懦怯的心理，批评与自我批评便永远不能做得彻底。我并非说有了自我批评（即挖自己的根），一个人就可以没有烦恼。不是的，烦恼是永久免不了的，就等于矛盾是永远消灭不了的一样。但是不能因为眼前的矛盾消灭了将来照样有新矛盾，就此不把眼前的矛盾消

灭。挖了根，至少可以消灭眼前的烦恼。将来新烦恼来的时候，再去消灭新烦恼。挖一次根，至少可以减轻烦恼的严重性，减少它危害身心的可能；不挖根，老是有些思想的、意识的、感情的渣滓积在心里，久而久之，成为一个沉重的大包袱，慢慢的（地）使你心理不健全，头脑不冷静，胸襟不开朗，创造更多的新烦恼的因素。

今注

我们在社会中生存和交往，批评是人与人之间的相互砥砺，而自我批评则是人的自我超越。开展批评和自我批评，需要莫大的勇气。我们应在正视问题、分析问题、反省和改进问题的过程中，实现自我突破，不断进步。

及时自检才不至于忘形

一个人太顺利，很容易于不知不觉间忘形的。我自己这次出门，因为被称为模范组长，心中常常浮起一种得意的感觉，猛然发觉了，便立刻压下去。但这样的情形出现过不止一次。可见一个人对自己的斗争是一刻也放松不得的。

今注

我们可以因为自己已取得的一些成绩而自豪，却不可以因此而得意乃至不思进取。已取得的成绩只表示过去，并不代表未来。别对自己放松要求，及时进行自我剖析，才不至于得意忘形，才能保持长久的进步。

深入自省，积极批评

人不知而不愠是人生最高修养，自非一时所能达到。对批评家的话我过去并非不加保留，只是增加了我的警惕。即是人言藉藉，自当格外反躬自省，多征求真正内行而善意的师友的意见。你的自我批评精神，我完全信得过；可是艺术家有时会钻牛角尖而自以为走的是独创而正确的路。要避免这一点，需要经常保持冷静和客观的态度。所谓艺术上的illusion（幻觉），有时会蒙蔽一个人到几年之久的。

今注

别人的批评如果正确，我们应该接纳；如果不正确，我们可以保持坚定。自我反省是用冷静客观的态度检视自己的行为，避免自己误入歧途。及时纠正错误，改变偏执的想法，对我们实现目标至关重要。

第9课

勤奋才是你最宝贵的天赋

勤能补拙，厚积薄发

几个月来做翻译巴尔扎克《幻灭》三部曲的准备工作，七百五十余页原文，共有一千一百余生字。发个狠每天温三百至四百生字，大有好处。正如你后悔不早开始把萧（肖）邦的 *Etudes*(《练习曲》) 作为每天的日课，我也后悔不早开始记生字的苦功。否则这部书的生字至多只有二三百。倘有钱伯伯那种记忆力，生字可减至数十。天资不足，只能用苦功补足。我虽到了这年纪，身体挺坏，这种苦功还是愿意下的。

今注

任何辉煌的成就，绝非瞬息之间就能够取得，它源于每日持之以恒的勤奋与努力。正如傅雷在信中所说："天资不足，只能用苦功补足。"只要我们勤奋好学，即使学得慢一点儿，也能在不断的努力和实践中学到更多的知识和技能。

节选 傅雷家书

事事尽从勤里来

节选

积之道如何，亦唯勤敏悦学而已。举凡切合于政治民生之学，穷原竟委，专心研贯，一事毕，更治一事，如是，则他日出而用世，庶不致折足覆馀（sù）之诮（qiào），而愚妄之讥自可免。

大意

积累的方法是什么呢？也就只有勤奋敏捷、喜爱学习罢了。大概凡是贴近国家政治、百姓生活的学问，都要追本溯源，用心钻研透彻，做完一件事，再去做另一件事。像这样做，那么以后走入社会应对事情，或许不会遭到因自己的能力不能胜任而导致办不成事情的嘲笑，而那些愚昧狂妄的讥讽之言自然也就能免除了。

今注

博学，是通过日积月累的勤奋努力实现的，没有人能够一蹴而就。如果把玩乐的时间用在学习和读书上，又何愁学不会呢？只要用心地去钻研一门功课，把它钻研透彻，做完这件事，再去做另一件事，长年累月，勤奋不止，还有什么能难住我们呢？

节选

世上无难事，只怕有心人

观四弟来信甚详，其发奋自励之志溢于行间；然必欲找馆出外，此何意也？不过谓家塾离家太近，容易耽搁，不如出外较清净耳。然出外从师，则无甚耽搁；若出外教书，其耽搁更甚于家塾矣。且苟能发奋自立，则家塾可读书；即旷野之地、热闹之场，亦可读书，负薪牧豕（shǐ），皆可读书。苟不能发奋自立，则家塾不宜读书，即清净之乡、神仙之境，皆不能读书。何必择地，何必择时，但自问立志之真不真耳。

大意

我看四弟的来信写得很详尽，字里行间流露出发愤图强、自我激励的志向；但为什么一定要出去找学堂呢？不过是说家里的私塾离家太近了，容易耽误学业，不如外面的学堂清净。然而如果是到外面跟老师读书，自然不会有什么耽搁；但如果是在外面教书，那耽搁起来可比在家塾里要厉害多了。如果你真能发愤图强，不仅在家里可以读书，在空旷的野外、热闹的场所，甚至背柴放牧时都可以读书。如果你不能发奋自立，那么非但家塾里不适合读书，就是再清净的地方、神仙居住的环境都不能读书。何必选择地方，何必选择时间，只需要问自己发奋努力的志向是不是真的就可以了。

今注

只要“立志真”，无论在何地、何时都可以读书。有任何阻挡你学习的理由和借口，都是因为你的学习目标不够坚定而已。

心有所向，

山川河流皆是平地。

第10课 不择细流，方能汇成大海

节选

抛弃傲与惰，常存谦与勤

尔在外以“谦”“谨”二字为主。世家子弟，门第过盛，万目所属。临行时教以“三戒”之首末二条及力去“傲”“惰”二弊，当已牢记之矣。

大意

你出门在外，凡事要以“谦”“谨”二字为主。世家子弟，门第太兴盛，是众人瞩目的焦点。你临行时，我拿“三戒”的“第一”“第三”两条教育过你，还有就是努力克服“傲慢”“懒惰”这两种毛病，你一定要牢牢记住。

今注

傲慢是谦虚的反面。与人交往时，保持谦虚的态度更容易赢得别人的尊重和喜爱。每个人都有自己擅长和不擅长的方面，与他人互相帮助、取长补短，不仅能够使事情进行得更加顺利，也会使人际关系变得更为融洽。

虚心请教，必有收获

像你这样的年龄与经验，随时随地吸收别人的意见非常重要。经常请教前辈更是必需。你敏感得很，准会很快领会到那位前辈的特色与专长，尽量汲取——不到汲取完了决不轻易调换老师。

今注

傅雷建议儿子要“随时随地吸收别人的意见”，因为“三人行，必有我师焉”。每个人的身上都有值得我们学习的地方，虚心向他人请教，不断完善自己，你就会有更多收获。

以开放的态度来治学

有一点，你得时时刻刻记住：你对音乐的理解，十分之九是凭你的审美直觉；虽则靠了你的天赋与民族传统，这直觉大半是准确的，但究竟那是西洋的东西，除了直觉以外，仍需要理论方面的，逻辑方面的，史的发展方面的知识来充实；即使是你的直觉，也还要那些学识来加以证实，自己才能放心。所以便是以口味而论觉得格格不入的说法，也得采取保留态度，细细想一想，多辨别几时，再作断语。这不但对音乐为然，治一切学问都要有这个态度。所谓冷静、客观、谦虚，就是指这种实际的态度。

今注

冷静、客观、谦虚都是开放的治学态度。无论是追求艺术还是其他事业，都需要有这样开放的态度，做事最忌讳的就是自以为是、目空一切。对于自己认知和能力以外的事物，要保持开放的态度，认真思考不同的观点和他人提供的建议，虚心学习，不断拓展自己的视野。

太过傲气，有损长进

吾人为学，最要虚心。尝见朋友中有美材者，往往恃才傲物，动谓人不如己，见乡墨则骂乡墨不通，见会墨则骂会墨不通，既骂房官，又骂主考，未入学者，则骂学院。平心而论，己之所为诗文，实亦无胜人之处；不特无胜人之处，而且有不堪对人之处。只为不肯反求诸己，便都见得人家不是。既骂考官，又骂同考而先得者。傲气既长，终不进功，所以潦倒一生而无寸进也。

大意

我们做学问，最重要的是虚心。我曾见过朋友中资质极好的人，往往仗着自己有才华，瞧不起别人，动不动就说别人不如自己。无论是看到乡试中榜者的文章，还是会试中榜者的文章，都骂他们的文章不行。既骂监考，又骂主考。没被录取入学，就骂学院。平心静气来讲，他所做的诗文，也实在没有过人之处；不仅没有过人之处，还有见不得人的地方。只是因为他不肯反思自己的问题，就说别人一无是处。一边骂考官，一边骂一起考试却先被录取的人。傲气既已助长，终究不能进步，所以只能潦倒一生，没有任何长进。

今注

曾国藩强调，做学问最重要的是要有虚心的态度，不要自以为是，多看看别人的长处，反思自己的不足。一味地抱怨只会增加怨气，不如化怨气为动力，让自己更上一层楼。

第11课

专注是最好的捷径

一次做好一件事

节选

记得你在波兰时期，来信说过艺术家需要有 single-mindedness（一心一意），分出一部分时间关心别的东西，追求艺术就短少了这部分时间。当时你的话是特别针对某个问题而说的。我很了解（根据切身经验），严格钻研一门学术必须整个儿投身进去。艺术——尤其音乐，反映现实是非常间接的，思想感情必须转化为 emotion（感情）才能在声音中表达，而这一段酝酿过程，时间就很长；一受外界打扰，酝酿过程即会延长，或竟中断。音乐家特别需要集中 [即所谓 single-mindedness(一心一意)]，原因即在于此。因为音乐是时间的艺术，表达的又是流动性最大的 emotion，往往稍纵即逝。

今注

实际上，无论做什么，都需要集中精力。如果我们总是心不在焉，比如在写作业的时候想着看电视，在上课的时候想着出去玩儿，那么就很难踏实学习，更不用说取得进步了。

专注于自己喜欢的事

节选

夫学贵专门，识须坚定，皆是卓然自立，不可稍有游移者也。至功力所施，须与精神意趣相为浃（jiā）洽，所谓乐则生，不乐则不生也。

大意

学习贵在专一，意识必须坚定，这些是卓然自立的重要条件，不可以有丝毫的游移不定。至于功力用在什么地方，必须与自己的精神志趣相协调。这就是人们所说的，做自己感兴趣的事就容易成功，做自己不感兴趣的事就不易成功。

今注

兴趣在哪里，时间就会花在哪里。求学最要紧的是专注，坚定志向，把精力用在自己感兴趣的地方，专心致志，持之以恒，就没有做不好的事情。

专注才能精进

书虽不可不看，弟此时以营务为重，则不宜常看书。凡人为一事，以专而精，以纷而散。荀子称“耳不两听而聪，目不两视而明”，庄子称“用志不纷，乃凝于神”，皆至言也。

大意

书虽然不能不看，但是弟弟现在应该以军务为重，不适合常常看书。一个人做一件事，因为专注而精进，因为纷扰而散乱。荀子曾说“耳朵不同时听两个声音才能听得更清楚，眼睛不同时看两个地方才能看得更清楚”，庄子曾说“心志不纷乱，精神才能专注”，这些都是至理名言。

今注

我们应该致力于让手中做的每件事情都取得实实在在的成果，避免成为那种看似样样都会，实则无一精通的人。专注于一个目标，能使我们全身心地投入，全力以赴。一心一意地做好一件事，远比草率地做一百件事更有意义。

专注一个领域深耕细作

尔三月之信，所定功课太多。多则必不能专，万万不可。后信言已向陈季牧借《史记》，此不可不熟看之书。尔既看《史记》，则断不可看他书。功课无一定呆法，但须专耳。余从前教诸弟，常限以功课，近来觉限人以课程，往往强人以所难，苟其不愿，虽日日遵照限程，亦复无益。故近来教弟，但有一“专”字耳。

大意

你在三月的来信中所定的功课太多，多了就不能专注，这万万不可。后一封信中说你已向陈季牧借了《史记》，这是不可不熟读的书。你既然在看《史记》，则绝不可同时看其他书。功课没有固定的方法，只是必须专一。我从前教各位弟弟，常限定功课，近来觉得限定别人学什么课程，往往是强人所难，如果违背别人的意愿，即使天天遵照规定的课程学，也没有什么好处。所以我近来教弟弟们，只强调一个“专”字。

今注

曾国藩在家书中提醒弟弟学习应当专一，不宜贪多。就像我们报兴趣班一样，也不宜贪多，应在自己的能力范围内，先选择一个真正感兴趣的领域，专心地投入，等学会了一门，再去学另一门，逐步拓宽学习领域，稳步前进。

第12课 真正厉害的人，都是长期主义者

节选

有恒心者，事竟成

来书谓“意趣不在此，则兴会索然”。此却大不可。凡人作一事，便须全副精神注在此一事，首尾不懈，不可见异思迁，做这样，想那样；坐这山，望那山。人而无恒，终身一无所成。我生平坐犯无恒的弊病，实在受害不小。当翰林时，应留心诗字，则好涉猎它书，以纷其志。读性理书时，则杂以诗文各集，以歧其趋。在六部时，又不甚实力讲求公事。在外带兵，又不能竭力专治军事，或读书写字以乱其志意。坐是垂老而百无一成。

大意

你来信中说“自己的兴趣不在这里，因此做事索然无味”。这可万万不行啊。人不管做什么事，都要集中精神，从一而终，不能看到别的事物就改变了想法：做着这件事，想着那

件事；坐在这座山上，望着那座山。人如果没有恒心，一辈子都不会有所成就。我这一生就犯了没有恒心的毛病，实在受害不小。当翰林时，我本应该留心诗文和书法，却喜欢看其他的书，分散了心志。读性理方面的书时，又杂览各种诗文集，导致学习的方向不集中。在六部做官时，我办公事又不太务实。在外带兵打仗，我又没有竭尽全力专心处理军务，有时因读书写字而分心，乱了意志。正因如此，年迈时发现自己一事无成。

今注

做事要有恒心，认准一件事，要有始有终地去努力，不要想着中途放弃，唯有有恒心者，才能实现理想。

读书贵在坚持

侄辈读书虽鲜进步，然读书一事，本贵恒而贱骤，如能孜孜矻矻，日知其所亡，月无忘其所能，则久久自有成效，否则一暴而十寒，进锐而退速，反不能造就高深。故兄意如侄辈能缓进，已属可喜，正不必期望太奢也。

大意

几个侄儿虽然在读书上取得的进步很小，但是读书这件事，本来就是贵在坚持，最怕间断。如果能够做到坚持不懈、吃苦耐劳，每天都知道自己应该怎样度过，每个月都不会忘

记自己所能做的事情，那么时间长了自然会看到成效。如果不这样做，时而勤奋时而懒惰，那么进步快退步也快，反而不能成就高深的学问。因此，如果侄儿们能慢慢地进步，已是一件值得高兴的事情，完全没有必要抱过多的期望。

今注

所谓充实的人生不过是找到一件正确的事情，然后坚持到底。上学一日要有一日的收获，听一节课要有一节课的所得，这样坚持下去就会大有裨益。凡事只要持之以恒地努力，必日有所进。

第13课 规划人生，成就未来

节选

有规划地做事更有成效

练琴的时间必须正常化，不能少，也不能多；多了整个的人疲倦之极，只会有坏结果。要练琴时间正常，必须日常生活科学化，计划化，纪律化！假定有事出门，回来的时间必须预先肯定，在外面也切勿难为情，被人家随便多留，才能不打乱事先定好的日程。

今注

傅雷在教导儿子练琴时强调了制订计划的重要性，这同样适用于我们的学习。我们应为自己制订一份详细的学习计划，明确规定每天学习的科目、专题和时间，以及要坚持的天数和要达到的目标。一旦养成按计划执行的习惯，你会发现学习效率在不知不觉中就得到了提高。

做事
最忌一团乱麻

你对时间的安排，学业的安排，轻重的看法，缓急的分别，还不能有清楚明确的认识与实践。这是我为你最操心的。因为你的生活将来要和我一样的忙，也许更忙。不能充分掌握时间与区别事情的缓急先后，你的一切都会打折扣。所以有关这些方面的问题，不但希望你多听听我的意见，更要自己多想想，想过以后立刻想办法实行，应改的应调整的都应当立刻改，立刻调整，不以任何理由耽搁。

今注

先用大部分时间完成重要和紧急的任务，再用剩下的时间完成相对不重要和不紧急的任务。合理分配时间，做好科学的规划，效率才会大大提升。

凡成事者 必有周密规划

古之成大事者，规模远大与综理密微，二者阙一不可。弟之综理密微，精力较胜于我。军中器械，其略精者，宜另立一簿，亲自记注，择人而授之。古人以铠仗鲜明为威敌之要务，恒以取胜。

刘峙衡于火器亦勤于修整，刀矛则全不讲究。余曾派褚景昌赴河南采买白蜡杆子，又办腰刀分赏各将弁（biàn），人颇爱重。弟试留心此事，亦综理之一端也。

节选 曾国藩家书

大意

古代成就大事业的人，目光远大和考虑细密，二者缺一不可。你考虑周密，精力比我更强一些。对于军中的刀具枪械之类，稍稍精良一些的，要另外建一个账簿，亲自记录注明，并选择合适的人，交给他们使用。古人打仗以盔甲鲜明、刀枪锋利为威慑敌人的第一要务，并总是凭此取得胜利。

刘峙衡经常修整火器，对于刀矛却完全不讲究。我曾经派褚景昌去河南采买白蜡杆子，又置办了许多腰刀分赏给将士们，他们都很喜爱、重视。你可以留心此事，这也是考虑周密的一方面。

大处着眼，小处着手。

今注

凡成大事者，必从大处着眼，小处着手。制订周密的计划能够帮助我们弥补细节的不足，进而保证整个计划顺利进行。

第14课

学习有法，成功有道

读书要手到、心到

“口不绝吟于六艺之文，手不停披于百家之篇；纪事者必提其要，纂言者必钩其玄……”此文公自言读书事也。其要诀却在“纪事”“纂言”两句。凡书，目过口过，总不如手过，盖手动则心必随之，虽览诵二十遍，不如抄撮一次之功多也。况必提其要，则阅事不容不详；必钩其玄，则思理不容不精。若此中更能考究同异，剖断是非，而自纪所疑，附以辨论，则浚心愈深，着心愈牢矣。

节选　李光地家书

大意

“口中不停地诵读六经中的文章，手中不停地翻阅诸子百家的文章；对史书类典籍必定总结其纲要，对论说类典籍必定探寻其深奥的含义。……”这是韩愈说他自己读书时候的事。主要秘诀还在于“纪事”“纂言”两句。凡是读书，看和读总比不上写。大概是因为抄写的时候才能全神贯注。即使诵读二十遍也不如抄写一遍。况且要总结文章纲要，阅读就不能不详细；要探寻典籍中深奥的含义，思考就不能不深入。如果与此同时能区分异同，分析判断对错，记录自己有疑问的地方，并加以辨析、论证，那么你越用心钻研，就记得越牢固。

今注

读书要善于抓住文章的主要观点与关键线索，明确文章主旨；要善于抄写记录。如此读书才更专注，理解才更深入，才能事半功倍。

少壮须努力

近日身体略好。惟回思历年在外办事，愆(qiān)咎甚多，内省增疚。饮食起居一切如常，无劳廑（qín）虑。今年若能为母亲大人另觅一善地，教子侄略有长进，则此中豁然畅适矣。弟年纪较轻，精力略胜于我，此际正宜提起全力，早夜整刷。昔贤谓“宜用猛火煮、漫火温”，弟今正用猛火之时也。

大意

近日身体稍微好一些，只是回想起历年在外面办的事，过错和内疚很多，自我反省时倍感愧疚。我现在饮食起居一切如常，不劳挂念。今年如果能为母亲另外找一块宝地，能教导子侄稍微有所长进，我的心中就畅快了。弟弟年纪较小，精力比我旺盛，这个时候最适合全力以赴，日夜整顿精神。圣贤曾经说过，“做事业如同煮肉，应该用猛火来煮，用慢火来温”，弟弟现在正是用猛火的时候。

今注

学习就应该在状态好的时候全力以赴，正如曾国藩在家书中所说“宜用猛火煮、漫火温”。人在精力旺盛时，应充分地利用时间来提升自己，这样才不至于到年老时回忆过去感到后悔和内疚。

日有所记，日有所得

节选

日间思索有疑，用册子随手札记，候见质问，不得放过。所闻诲语，归安下处，思省切要之言，逐日札记，归日要看。见好文字，录取归来。

大意

平时学习思考时遇到疑难问题，要用随身带的小本子记录下来，等见到老师的时候询问答案，不要错过和忘记。凡是听到的教诲，回到自己的住处后，要仔细思量其中重要的地方，并每天做好笔记，回来后我要检查。见到优美的文辞，也要记录下来。

今注

学习过程中，有疑问的地方一定要弄清楚，不要轻易放过。此外，要记录值得积累的好词好句，记录掌握不牢固的知识，记录老师给我们答疑解惑的知识要点等。好脑筋不如勤记录、勤温习，如此才能日有所获。

第15课

输得起，比赢更重要

失败了从头再来

但做官实易损人格，易习于懒惰于巧滑，终非安身立命之所，吾顷方谋一二教育事业，希哲终须向此方面助我耳。

大意

做官确实容易让自己的人格受损，容易让人养成懒惰的习惯和狡猾的性格，终究不能作为生活的目标与精神的寄托。我最近正在筹备一些与教育相关的事业，周希哲（梁启超长女梁思顺的丈夫）也要在这方面帮助我了。

今注

没有人能保证自己一开始选择的方向一定正确，航程中我们甚至会发现，我们渐渐远离了自己的目标，但没关系，只要及时调整，就都来得及。一次的错误与失败并不能说明什么，及时调整舵的方向，才能避开暗藏的礁石，抵达成功的彼岸。

为学忌把路走窄

节选

关于思成学业，我有点意见。思成所学太专向了，我愿意你趁毕业后一两年，分出点光阴多学些常识，尤其是文学或人文科学中之某部门，稍为多用点工夫。我怕你因所学太专门之故，把生活也弄成近于单调。太单调的生活，容易厌倦，厌倦即为苦恼，乃至堕落之根源。

今注

有时候，追逐目标已经成为执念，在失败之后，我们往往会钻进牛角尖，陷入困境。如果遇到这种情况，不妨暂时停下脚步，欣赏路旁的风景，了解更多的知识，开阔自己的视野，也许通往目的地的大门的钥匙，就藏在看似毫不相关的另一片知识之海里。

节选

有志者见不得“放弃”二字

方子，我不是说要你做个苦行僧，但必须有志气。你喜欢干的事情看准了，就要坚持下去。为自己选择了的道路去苦干。

今注

一旦确定了人生道路和目标，我们就应坚定不移地走下去，不要在意一两次的失败，坦然接受失败才能更好地迎接成功。不害怕荆棘，荆棘便会成为取暖的薪柴；不躲避风雨，风雨便会成为前行路上的一道风景。既然定下了目标，就应奋力前行，有志者人生的字典中没有“放弃”二字。

成功不是一蹴而就的

学业才识，不日进则日退，须随时随事留心着力为要。事无大小，均有一当然之理。即事穷理，何处非学？昔人云：“此心如水，不流即腐。”张乖崖亦云：“人当随事用智。”此为无所用心一辈人说法。果能日日留心，则一日有一日之长进；事事留心，则一事有一事之长进。由此累积，何患学业、才识不能及人耶？

大意

学业和才识，每天只要不进步就会倒退，所以需要根据不同的时间和事件，时时处处留心。事情不分大小，都有它的道理，按照事情来探究道理，哪里不是学问呢？古人说：“思想就像流水一样，不流动就会陈腐。”张乖崖也说：“人应当随时使用自己的智慧。”这是针对不用心的人说的。如果能天天留心，那么过一天就有一天的长进；如果做到事事留心，那么做一事就有一事的长进。这样积累下来，怎么会怕学业和才识不如别人呢？

今注

人生的旅途遥远又艰险，但只要我们脚踏实地，在走过的每个地方都留下自己坚实的脚印，终有一日会到达终点。只要在生活中处处留心，日积月累，终会水滴石穿，摘取成功的硕果。

第16课

想看更好的世界，先让世界看到更好的你

节选

心怀阳光，淋雨也是快乐的

我讲段笑话给你们听。有一天，我听见人说离此约十里地方钓鱼最好。我回来说给孩子们听，他们第二天一定就要去。我看见天色不好，有点沉吟，他们却已预备齐全了，牵率老夫只好同去。还没有到目的地，便下起小雨来，只好硬着头皮说“斜风细雨不须归”，哪里知道跟着便是倾盆大雨。七个人在七个驴子上，连着七个驴夫，三七二十一件动物，都变成落汤鸡，回来全身衣服绞出一大桶水。你说好笑不好笑？

今注

一群人出门钓鱼，却被浇成了落汤鸡。悲观的人会想：真倒霉，鱼没钓成还淋了雨。乐观的人会想：这样的趣事恐怕十年难得一遇吧！在生活中，我们无法避免各种意外，笑对生活，生活才会还我们以微笑。

你若微笑，生活就不苦了

我这封信写得最有趣，是坐在病床上用医院吃饭用的盘当桌子写的，我发明这项工具，过几天可以在病床上临帖了。

…………

诊断情形，你二叔们当陆续有详细报告，不消我说了。我写这封信，是要你们知道我的快活顽皮样子。昨晚院中各科专门医生分头来检查我的身体，各部分都查到了，都说：五十岁以上的人体子如此结实，在中国是几乎看不见第二位哩。

今注

梁启超常以幽默自嘲的方式化解苦闷，缓解孩子们的担忧。他以身作则告诉我们：疾病并非不可战胜，真正可怕的是丧失对生活的信心。举起手中的镜子笑一笑吧，镜子里的人也正在向你微笑！

生活沉闷，跑起来就有风

第三个感想也是属于加强人的积极性的。一切事物的发展，包括自然现象在内，都是由于内在的矛盾，由于旧的腐朽的东西与新的健全的东西做斗争。这个理论可以帮助我们摆脱许多不必要的烦恼，特别是留恋过去的烦恼，与追悔以往的错误的烦恼。陶渊明就说过：“觉今是而昨非”，还有一句老话，叫作：“过去种种譬如昨日死，现在种种譬如今日生。”对于个人的私事与感情的波动来说，都是相近似的教训。既然一切都在变，不变就是停顿，停顿就是死亡，那么为什么老是恋念过去，自伤不已，把好好的眼前的光阴也毒害了呢？认识到世界是不断变化的，就该体会到人生亦是不断变化的，就该懂得生活应该是向前看，而不是往后看。这样，你的心胸不是廓然了吗？思想不是明朗了吗？态度不是积极了吗？

今注

时光如流水，一刻不停地奔流向前，事物是不断发展的，我们也在不断发生着改变。因此，不要让过去的错误成为阻止我们前进的障碍，向前看，未来正等着我们去创造。

笑着笑着，
快乐的事情就多了。

第17课

情绪稳定，才能从容不迫

节选

你越放松，就越强大

孩子，你此去前程远大，这几天更应当仔仔细细把过去种种作一个总结，未来种种作一个安排；在心理上精神上多作准备，多多锻炼意志，预备忍受四五年中的寂寞和感情的波动。这才是你目前应做的事。孩子，别烦恼。我前信把心里的话和你说了，精神上如释重负。一个人发泄是要求心理健康，不是使自己越来越苦闷。多听听贝多芬的第五，多念念克利斯朵夫里几段艰苦的事迹（第一册末了，第四册第九卷末了），可以增加你的勇气，使你更镇静。

今注

生活并不是一帆风顺的，遇到问题与挫折是再平常不过的事情。这个时候，我们内心巨大的压力会使我们的头脑变得混乱。此时，我们可以通过聊天、听音乐等方式缓解焦躁不安的情绪。等我们放松下来后，头脑就会回归镇静，试着再梳理一下思路，问题就会迎刃而解。

心大事就小

但请思之，千古圣贤，不能免生死，不能管后事，一身从无中来，却归无中去。谁是亲疏？谁能主宰？既无奈何，即放心逍遥，任委来往。

大意

请好好想想：古往今来的圣贤，都不能避免生死，更管不了身后之事。我们都是从虚无中来，又回到虚无中去。谁是亲近和疏远之人？谁能主宰这一切？既然一切都无可奈何，那就放下心来自在逍遥，顺其自然。

今注

没有人能够面面俱到，我们应竭尽全力做好自己能做到的事，接纳自己无法改变的事，只有坦然接受失败与错误，才能不被下滑的成绩打倒，不被代表错误的红叉影响。希望我们的人生，都能够从容走过。

心平气和，

从容应对困难与挑战。

放宽身心，拒绝内耗

一扯到艺术，一扯到做学问，我的话就没有完，只怕我写得太多，你一下子来不及咂摸。

来信提到 Chopin[萧(肖)邦]的 *Berceuse*(《摇篮曲》)的表达，很有意思。以后能多写这一类的材料，最欢迎。

还要说两句有关学习的话，就是我老跟恩德说的："要有耐性，不要操之过急。越是心平气和，越有成绩。时时刻刻要承认自己是笨伯，不怕做笨功夫，那就不会期待太切，稍不进步就慌乱了。"对你，第一要紧是安排时间，多多腾出无谓的"消费时间"，我相信假如你在波兰能像在家一样，百事不打扰，每天都有七八小时在琴上，你的进步一定更快！

今注

有时越想达到某个目标，思想包袱越重，就越做不好。我们需要抛开思想的包袱，放平心态，不要被失败后的嘲笑与不堪束缚，也不要被成功后的称赞与表扬桎梏。放下对成功与失败的得失心，把精神集中在正在进行的事情上，就会发现事情变得简单多了。

第18课

你相信什么，就会靠近什么

自信有度，及时悔改

弟求兄随时训示申儆，兄自问近年得力，惟有一“悔”字诀。兄昔年自负本领甚大，可屈可伸，可行可藏，又每见得人家不是。自从丁巳、戊午大悔大悟之后，乃知自己全无本领，凡事都见得人家有几分是处。故自戊午至今九载，与四十岁以前迥不相同。大约以“能立能达”为体，以“不怨不尤”为用。立者，发奋自强，站得住也；达者，办事圆融，行得通也。吾九年以来，痛戒无恒之弊，看书写字，从未间断；选将练兵，亦常留心。此皆自强、能立功夫。

节选 曾国藩家书

大意

贤弟你请求我时常训诫你，为兄自问近年来最大的收获是一个“悔”字。过去我很自负，以为自己本领大，可屈可伸，可以出仕也可退隐，还经常看见别人的不足。自从丁巳、戊午这两年大悔大悟之后，才知道自己没有本领，什么事都看得见别人有过人之处。所以自戊午年到现在的九年里，我和四十岁以前完全不同。我现在将“发奋图强、办事通达”作为人生根本，以“不怨天尤人”作为处世方针。立，是发奋自强、站得住的意思；达，是办事周到、行得通的意思。我在这九年以来，痛下决心改掉没有恒心的毛病，看书写字，从不间断；选将练兵，也时时留心。这都是自强自立的功夫。

今注

过于自信，就成了自负，看不见他人的优点，也看不到自己的不足，最终不免要受挫。不自信的人，往往会性格胆怯，缺乏行动的勇气。所以，无论是太自信还是不自信，都需要调整心态，及时改正，既要看见别人的长处，也要认识到自己的不足，方能有所长进。

节选

成功源于自信加坚持

我亲眼见过中级干部从解放军复员而做园艺工作，四年工夫已成了出色的专家。佛子岭水库的总指挥也是复员军人出身，遇到工程师们各执一见、相持不下时，他出来凭马列主义和他专业的学习下的结论，每次都很正确。可见只要年富力强，只要有自信，有毅力，死不服气地去学技术，外行变为内行也不是太难的。

今注

真正的光明并非没有黑暗的时刻，只是不会永远被黑暗淹没罢了。每个人不可能十全十美，人生也不可能总是顺顺利利。要看清自己的不完美，自信而不执拗；接受生活的不完美，自信而不放弃。

有信念的人经得起风雨

我自己常常感觉我要拿自己做青年的人格模范，最少也要不愧做你们姊妹弟兄的模范。我又很相信我的孩子们，个个都会受我这种遗传和教训，不会因为环境的困苦或舒服而堕落的。你若有这种自信力，便“随遇而安”地做现在所该做的工作，将来绝不怕没有地方没有机会去磨炼，你放心罢。

今注

拥有坚定的信念，无论做什么事，都会有精气神，且全力以赴；无论遇到多大的坎坷，都不会陷入沮丧和堕落。一个人如果没有坚定的信念，就会变得心虚，到哪里、做什么事都会畏畏缩缩，挺不起腰杆。相信谁都不愿意成为一个不自信的人，那就不妨对自己多点儿耐心，多一些鼓励，相信自己终有一天能发光发热。

第19课 凡是过往，必有成长

失败乃历练，成功往后看

节选

昔某官有一门生为本省学政，托以两孙，当面拜为门生。后其两孙岁考临场大病，科考丁艰，竟不入学。数年后两孙乃皆入，其长者仍得两榜。此可见早迟之际，时刻皆有前定。尽其在我，听其在天，万不可稍生妄想。六弟天分较诸弟更高，今年受黜，未免愤怨，然及此正可困心横虑，大加卧薪尝胆之功，切不可因愤废学。

大意

从前某位官员有一个门生做本省的学政（学官名，专门管理科举考试），就让自己的两个孙儿拜门生为师，并当面托付给他。后来两个孙儿在临近年考时大病一场，到了科举考试时，又因父母去世而必须在家里守孝，结果竟不能被录

取。几年之后两个孙儿才都入了学，其中年长的还连中两榜。由此可见，时间早晚，都是定好的，我们且尽力而为，能否录取且听天命，万不可异想天开。六弟的天赋比其他几位兄弟高一些，今年没有考取，难免气愤埋怨，但这时候正应该在困境中奋发有为，狠下一番功夫，卧薪尝胆，千万不能因气愤而废弃学业。

今注

对待学习，我们应尽自己最大的努力，专心致志地听讲，全力以赴地投入学业。至于考试结果，受很多因素影响，如果考得不好，也不要气馁。相反，我们应该从中吸取经验教训，再接再厉，通过不断努力和积累经验，一定会在学业上有所收获。

不经挫折难有成就

做官能称职，颇不容易。做一件好事，亦须几番盘根错节，而后有成。昔人事业到手，即能处措裕如，均由平常留心体验，能明其理，习于其事所致，未有当前遇事放过，而日后有成者也。

大意

做官的人能称职，很不容易。即使做一件好事，也得经过几番挫折和许多困难，然后才能取得成效。古人能在事业上取得一定的成功，能自如地应对各种情况，是因为平常留心积累经验，将学到的道理运用于解决问题的过程中。不屑于努力做好当前遇到的事情，却能在日后取得成就，这样的人是没有的。

今注

人一次次跌倒，又一次次爬起后，学会了走路；被信任的同学伤害后，懂得了什么样的朋友可交；总是混淆两个数学概念，反复理解和记忆之后就不会弄错。人的一生就是如此，总会不断经历各种挫折。只要我们不放弃，从挫折中汲取转败为胜的智慧和方法，挫折就会成为我们成长路上的宝贵经验，助我们日后取得成就。

节选 李鸿章《寄四弟》

接受自己不能改变的

闻汝充役，室如悬磬，何以自辨？论德则吾薄，说居则吾贫，勿以薄而志不壮，贫而行不高也！

大意

听说你充任劳役，家中一贫如洗，你如何看待这件事呢？说到品德，那么我们的品德浅薄；说到居住环境，那么我们的家业贫寒。但是，不要因为德薄就志向不壮伟，不要因为家贫就行为不高尚啊！

今注

无法改变家庭的贫穷，却仍可以努力实现自己的志向。家徒四壁，并不影响德行的修炼。相貌不出众，就努力使自己的心灵变美；成绩下降了，就认真补习，尽快提高；鞋子破了，就再买双新的……接受自己不能改变的，改变自己能改变的，才是最好的生活状态和学习状态。

第20课

心中有志向，脚步有力量

节选

人生立志须趁早

杨继盛《谕应尾、应箕两儿》

人须要立志。初时立志为君子，后来多有变为小人的；若初时不先立下一个定志，则中无定向，便无所不为，便为天下之小人，众人皆贱恶你。你发愤立志要做个君子，则不拘做官不做官，人人都敬重你。故我要你第一先立起志气来。

大意

人一定要有志向。起初立志做君子，后来有许多人却变成了小人。如果起初不先立志，那么心中就不能固定一个志向，就会为所欲为，就成了天下人都唾骂的小人，最后所有人都轻视厌恶你。你立志做个君子，不管做不做官，都会受到别人的敬重。所以我希望你首先要先立定志向。

今注

从小立定志向，便可以朝这个方向去努力，这样做事就不易偏离正常的轨道。如果没有志向，做事就会为所欲为，没有主见，且容易被诱导，等到醒悟时，后悔不及。

立志之前先去习气

节选

立志之始，在脱习气。习气薰人，不醪（láo）而醉。其始无端，其终无谓。袖中挥拳，针尖竞利。狂在须臾，九牛莫制。岂有丈夫，忍以身试？彼可怜悯，我实惭愧。

大意

立志最开始首先要革除不良习气。不良习气对人的影响，就像人闻到酒味，还没喝就足以使人醺醉。它是来去悄然不见痕迹的。这就像在袖子里挥拳，虽看不见却能感觉到；又像在针尖上追逐利益，虽然微小却足以伤人。如果一时沉不住气而狂妄冲动，那些即使有九牛之力也难以制止。难道真的有堂堂男子汉，愿意亲身去那样做吗？那些陷入不良习气的人实在值得怜悯，我实在为他们感到惭愧。

今注

做人首先要立志，而立志之前最重要的就是先摒除不良习气。坏习惯养成容易，改掉难，对于不良习气，我们要像对庄稼地里的杂草，刚长出来便拔掉，尽早消除不良影响。

节选

人贵勤学有志

夫君子之行，静以修身，俭以养德，非淡泊无以明志，非宁静无以致远。夫学须静也，才须学也，非学无以广才，非志无以成学。淫慢则不能励精，险躁则不能治性。年与时驰，意与日去，遂成枯落，多不接世，悲守穷庐，将复何及！

大意

有道德修养的人，摒除杂念和干扰，宁静专一以使自己尽善尽美，以俭朴节约来培养自己高尚的品德。不是内心恬淡、不慕名利就不能明确志向，不是身心宁静就不能达到远大目标。学习必须宁静专一，增长才干必须刻苦学习。不努力学习就不能增长才智，不明确志向就不能在学习上获得成就。放纵懈怠就不能振奋精神，轻薄浮躁就不能修养性情。年华随着光阴流逝，意志随着岁月消磨，最后凋落、衰残，大多对社会没有任何贡献，守在陋室里悲伤叹息，又怎么来得及呢！

今注

这篇家书意在教导孩子明白立志的重要性。志向可大可小，可以是每天早睡早起，可以是独立自主完成功课，或是每周阅读一本书……树立志向加上勤于行动，那么你就离成功不远了。

志之所在，心向往之

儿从母亲寿辰立志，决定要在这一年当中，于中国教育上做一件不可磨灭的事业，为吾母庆祝并慰父亲在天之灵。儿起初只想创办一个乡村幼稚园，现在越想越多，把中国全国乡村教育运动一齐都要立它一个基础。儿现在全副的心力都用在乡村教育上，要叫祖宗及母亲传给儿的精神都在这件事上放出伟大的光来。儿自立此志以后，一年之中务求不虚度一日；一日之中务求不虚度一时：要叫这一年的生活，完全的献给国家，作为我父母送给国家的寿面，使国家与我父母都是一样的长生不老。

今注

陶行知在家书中跟母亲谈了自己当年的打算，他决心致力于中国乡村教育的建设与发展，并告诫自己珍惜时间，不虚度光阴。这种精神值得我们每个人学习。

没有志向的生活

是看不到希望的。

精彩人生从有志开始

汝等心志未立，冠岁行登。古人讥十九童心，能不自惧。吾不能远谕他人，汝独不见吾兄之奉家法乎？吾家世俭贫，先人遗训，常恐置产怠子孙，故家无樵苏之地，尔所详也。

大意

你们还没有立志向，但马上二十岁了。古人讥讽鲁昭公十九岁即位时还只知道嬉戏玩耍不理政事，现在你们马上就要成人了，如果还没有志向，自己不担心吗？我先不讲别人，你们难道没有看到我哥哥是怎么奉守家法的吗？我们家世代节俭清贫，祖上遗训总怕置了产业会使子孙懒惰，所以家中无寸土之地，这是你们所知道的。

今注

树无根，就无法存活；行船没有灯塔，就会迷失方向；人没有志向，便会随波逐流、庸庸碌碌地生活。精彩的人生是从有志向开始的。志向是矢志向学，勤奋钻研；志向是读万卷书，行万里路；志向是强身健体，保家卫国。志向是我们努力的方向，当我们每天为志向而努力奋斗时，便是在一步步地成就自己。

节选　元稹《诲侄等书》

第21课

父母之爱不是羁绊，而是我们一生的铠甲

节选

丰子恺《给我的孩子们》

孩子是父母放不下的牵挂

我在世间，永没有逢到像你们样出肺肝相示的人。世间的人群结合，永没有像你们样的彻底地真实而纯洁。最是我到上海去干了无聊的所谓“事”回来，或者去同不相干的人们作（做）了叫作“上课”的一种把戏回来，你们在门口或车站旁等我的时候，我心中何等惭愧又欢喜！惭愧我为什么去做这等无聊的事，欢喜我又得暂时放怀一切地加入你们的真生活的团体。

今注

父母对孩子的爱是最真挚和无私的。从孩子来到世上起，父母就将全部的爱给了孩子，无微不至地呵护他们，为他们遮风挡雨，将他们养大。即使他们工作后为了生活不得不奔波在外，孩子也是父母内心深处永远割舍不下的牵挂。

母亲是不可磨灭的精神力量

在御河前晚步时，在寒风飘雪独自对灯思乡时，由南方想过去，想到沪、杭，想到兰、金，想到九间头后，最先想起的便是母亲！我常想着她在深夜后还在厨下东西收拾的情景；或想着天还未明，她已醒着不能再睡了，前后思索的情景。淋弟！树都有根，山泉也有潜源；我们可不信佛，我们只要皈依母亲！我以为在我们儿子面前，最伟大的便是母亲了！

今注

无论我们身在何处，一碗味道熟悉的手擀面，一句朴素而温馨的话语，都有可能勾起我们对母亲的思念。母亲是我们人生路上坚强的后盾，也是我们的第一位老师，叮嘱我们不虚度年华，鼓舞我们努力奋进，同时也永远敞开家门迎接我们归来。

节选 潘漠华家书

父母之爱是理解和包容

唯儿女聪明不齐，不可勉强，致有损身心。我想，他们能粗识几个字，会点加减法，知道一点历史，便已够了。只要身体强壮，将来能学一份手艺，即可谋生，不必非入大学不可。假若看到我的女儿会跳舞演讲，有作（做）明星的希望，我的男孩能体健如牛，吃得苦，受得累，我必非常欢喜！我愿自己的儿女能以血汗挣饭吃，一个诚实的车夫或工人一定强于一个贪官污吏，你说是不是？教他们多游戏，不要紧逼他们读书习字；书呆子无机会腾达，有机会做官，则必贪污误国，甚为可怕！

今注

身体健康，能够尽自己努力学习知识，并从事让自己感到快乐的工作，这是大多数父母对子女朴素的愿望。如果问谁是最理解和包容我们的人，答案一定是父母，父母之爱最宽容和无私。如果我们有梦想，并愿意为之付出努力，父母一定是我们忠实的支持者，也是我们最坚实的后盾。

每个孩子
都是父母的心头肉

今寿春、汉中、长安，先欲使一儿各往督领之，欲择慈孝不违吾令，亦未知用谁也。儿虽小时见爱，而长大能善，必用之。吾非有二言也，不但不私臣吏，儿子亦不欲有所私。

大意

如今寿春、汉中、长安三地，我想先各派一个儿子前去治理，我会选择慈爱孝顺、不违背我命令的，还不知道用谁。儿子们在小时候我都很疼爱，长大后若是谁能成才，我一定重用他。我没有别的话，我对臣子们没有偏心，我对儿子们也不想偏心。

今注

在兄弟姐妹多的家庭里，孩子们有时可能会感到父母有所“偏心”，但实际上，每个孩子都是父母的心头肉，父母尽自己所能关爱着每一个孩子。我们应该与兄弟姐妹和睦相处，共同孝敬父母。

第22课

手足之情，是最长情的陪伴

节选

兄弟和睦金不换

杨继盛《谕应尾、应箕两儿》

你两个是一母同胞的兄弟，当和好到老，不可各积私财，致起争端，不可因言语差错，小事差迟，便面红耳赤。应箕（jī）性暴些，应尾自幼晓得他性儿的，看我面皮，若有些冲撞，担待他罢。应箕敬你哥哥，要十分小心，合敬我一般的敬才是。若你哥哥计较你些儿，你便自家跪拜，与他赔礼。他若十分恼不解，你便央及你哥相好的朋友劝他，不可他恼了，你就不让他。你大伯这样无情的（地）摆布我，我还敬他，是你眼见的，你待你哥，要学我才好。

大意

你们是亲兄弟，应当和睦相处，不要为了钱财发生争执，也不能因为意见不合和一些小事就争得面红耳赤。应箕个性有些急躁，应尾你从小就了解他的脾气，念在我的份儿上，如有冲撞，请多担待！应箕也应尊敬哥哥，就像尊敬我一样。如果哥哥责备你，你需要先道歉；如果他还生气，不能原谅你，你就请求哥哥的好朋友来劝他，不能谁也不让谁。你大伯那样无情地捉弄我，我仍然尊敬他，你是亲眼所见的。你待哥哥，要向我学习才好。

今注

手足之情，不仅仅是血脉相连，更是心灵相通。这份血浓于水的情感，让我们在相互陪伴中多了几分默契和依赖。半生父母恩，一世兄弟情，兄弟姐妹之间不能因为一些小事而无理取闹，以大欺小，应该彼此多些谦让和体谅，友爱和睦，才能家族兴旺。

兄弟姐妹同根同源，血脉相连。

兄弟同根
同源共进退

汝祖革斋先生以诗礼起门户，吾与汝生父及汝叔同产三人。前辈云：“兄弟其初，一人之身也。”吾与汝生父俱以科第通显，汝叔亦致簪缨，使家门无虞，骨肉相保，皆奉先人遗体，以终于牖（yǒu）下，人生之常也。

大意

你的祖父革斋先生靠读书起家，生下我、你的父亲和你的叔叔兄弟三人。前辈们说：“在最初，兄弟原本是同一个人。”我和你的父亲都是通过科举考试而官位显贵的，你的叔叔也做了官。家中没有发生意外，我们兄弟之间会互相照顾，好好爱惜我们的身体，直到老去，这都是人之常情。

今注

兄弟姐妹就好像从同一根系上生发出的藤蔓，血脉相通，紧密相连。在人生的旅途中，兄弟姐妹之间，要相互关爱与扶持，共同面对生活中的困难与挑战，这是人之常情，更是至亲之爱。

第23课

遇良师，是人生最大的幸运

节选

良师引领我们改变

达达、司马懿（梁启超对女儿梁思懿的戏称）半年来进步极速（六六亦有相当进步）。当初他们的先生将一年功课表定了，来问我，我觉得太重些，他先生说可以，现在做下去，他们兴味越来越浓。大概因为他先生教法既好，又十二分热心，所以把他们引上路了。他们——尤其是达达，对于他的先生又恭敬又亲热，每天得点零碎东西吃，总要分给先生。先生偶然出门去便替他留下，看达达样子像觉得除爹爹、娘娘外，天下可敬可爱之人没有过他的先生了。

今注

千里马遇到伯乐，迎来了腾飞；钻石遇到雕刻师，绽放出光彩；人遇到良师，如逢甘霖。优秀的老师，不仅教给我们知识，还教给我们做人的智慧。他们会在我们没有信心时，给予鼓励；在我们骄傲时，给予劝诫。

师恩难忘

连日曾刚丈在此谈燕甚乐，熊秉丈继来，政界俗谈又刺耳刿（guì）心矣。有石星巢先生，吾少年受业师，贫不能自存，哀属我为觅事，不得已请作书记。然亦不适，拟移家归后，包其授思成辈学，分简叔之劳。

大意

这几天曾刚丈在这里聊天，我们相谈甚欢。熊秉丈也来了，聊了一些政界的事情，心情不是很好。还有石星巢先生，他是我少年时跟随学习的老师，生活有些困难，嘱托我帮他找一份工作，不得已请他作为文案助理，但是打算等搬家之后就请他当思成的老师，分担简叔的辛苦。

今注

如果说父母是孩子的第一任老师，那么老师无疑是孩子的第二任父母。小时候，是老师传道授业于我们；长大后，我们也应该尽自己所能回报他们。

得遇严师应感到欣慰

今年有得意之事两端：一则弟在吉安声名极好，两省大府及各营员弁、江省绅民交口称颂，不绝于吾之耳……一则家中所请邓、葛二师品学俱优，勤严并著。邓师终日端坐，有威可畏，文有根柢（dǐ），而又曲合时趋，讲书极明正义，而又易于听受。葛师志趣方正，学规谨严，小儿等畏之如神明。

大意

今年有两件得意的事情：一件是弟弟在吉安名声很好，（湖南、江西）两个省的长官、各大营的文武官员、江西省的绅士和百姓，都赞不绝口，我经常听闻他们对弟弟的夸赞。……还有一件是家里请的邓老师和葛老师，品学兼优，教学既勤恳又严格。邓老师每日坐姿端正，有老师的威严，写文章有根底，而且能与时势相结合，讲课很明正义，又容易为学生接受。葛老师很严肃，规矩严格，孩子们都像敬畏神明一样对他心存敬畏。

今注

俗话说“严师出高徒”。严师通常有渊博的知识、高超的教学方法和高尚的人格，能使我们得到磨炼，让我们更加优秀。老师的严格要求，源自他们认真负责的态度，我们应该感恩严师的良苦用心，将他们的教诲铭记在心。

青丝变白发，难忘是恩师。

第24课

真正的朋友，是一起成为更好的人

节选

谨慎交友，远离损友

朱熹《与长子受之》

交游之间，尤当审择，虽是同学，亦不可无亲疏之辨。此皆当请于先生，听其所教。大凡敦厚忠信、能言吾过者，益友也；其谄谀（chǎn yú）轻薄、傲慢亵狎（xiè xiá）、导人为恶者，损友也。推此求之，亦自可见得五七分，更问以审之，百无所失矣。但恐志趣卑凡、不能克己从善，则益者不期疏而日远，损者不期近而日亲。此须痛加检点而矫革之，不可荏苒渐习，自趋小人之域。如此，虽有贤师长，亦无救拔自家处矣。

大意

交朋友，尤其要谨慎选择。即使是同学，也不能没有亲疏之分。这些都要向先生请教，听先生的教诲。敦厚忠信、能够指出自己错误的人，才是有益的朋友；阿谀奉承、轻薄傲慢、诱导别人做坏事的人，则是有害的

近朱者赤，近墨者黑。

朋友。按照这个标准寻找朋友，大概能看对五分到七分，再加上仔细考察，就几乎不会出错了。但我担心你志趣平庸，不能努力向善，这样即使不想疏远有益的朋友也会日渐疏远，不想靠近有害的朋友却日益走近。因此需要检讨自己，并下决心改正，不能因为养成习惯，逐渐堕入小人的圈子。这样即便是有好的老师，也没有办法挽救你了。

今注

俗话说：近朱者赤，近墨者黑。好的朋友能让我们变得更好，坏的朋友会使我们变差。所以，我们在结交朋友时，一定要谨慎选择，要把人品放在第一位，远离品性不好的人。如果担心自己不能准确识人，要多听听老师和家长的建议。

真正的朋友能理解对方，

但不会委屈自己。

精力有限，学会拒绝

平日你不能太忙。人家拉你出去，你事后要补足功课，这个对你精力是有妨碍的。还是以练琴的理由，多推辞几次吧。要不紧张，就不宜于太忙；宁可空下来自己静静的（地）想想，念一两首诗玩味一下。切勿一味重情，不好意思。工作时间不跟人出去，做成了习惯，也不会得罪人的。人生精力有限，谁都只有二十四小时；不是安排得严密，像你这样要弄坏身体的，人家技巧不需苦练，比你闲，你得向他们婉转说明。这一点上，你不妨常常想起我的榜样，朋友们也并不怪怨我呀。

今注

很多时候，我们为了面子不好意思拒绝朋友的请求，担心朋友会因此生气，疏远自己。但真正的好朋友，是能够设身处地为我们着想的。我们不必为了迎合朋友而委屈自己或者被迫改变自己原来的计划，勇敢地说出自己的想法，相信朋友一定会理解我们的。

第25课

执子之手，与子偕老

节选

好的伴侣不是互相要求

对终身伴侣的要求，正如对人生一切的要求一样不能太苛。事情总有正反两面：追得你太迫切了，你觉得负担重；追得不紧了，又觉得不够热烈。温柔的人有时会显得懦弱，刚强了又近乎专制。幻想多了未免不切实际，能干的管家太太又觉得俗气。只有长处没有短处的人在哪儿呢？世界上究竟有没有十全十美的人或事物呢？抚躬自问，自己又完美到什么程度呢？这一类的问题想必你考虑过不止一次。我觉得最主要的还是本质的善良、天性的温厚、开阔的胸襟。有了这三样，其他都可以逐渐培养；而且有了这三样，将来即使遇到大大小小的风波也不致变成悲剧。做艺术家的妻子比做任何人的妻子都难；你要不预先明白这一点，即使你知道"责人太严，

责己太宽”，也不容易学会明哲、体贴、容忍。只要能代你解决生活琐事，同时对你的事业感到兴趣就行，对学问的钻研等等暂时不必期望过奢，还得看你们婚后的生活如何。眼前双方先学习相互的尊重、谅解、宽容。

今注

在人生每一阶段，对于“完美”伴侣的理解都不尽相同：情窦初开之时，“完美”的伴侣是或漂亮或帅气的；长大后成为青年，“完美”的伴侣是或温柔体贴或阳光潇洒的；人到中年，“完美”的伴侣是或贤惠能干或沉稳顾家的……与其花时间与精力寻找一个十全十美的人，不如在相处中多看看对方的闪光点，沟通能够改进的地方。两个人维持长久稳定的关系一定不是靠互相要求，而是平等与尊重，体谅与宽容。

爱情需理解和包容

回想我跟你爸爸结婚以来，二十余年感情始终如一……在他出国的四年中，虽然不免也有波动，可是他主意老，觉悟得快，所以回国后就结婚。婚后因为他脾气急躁，大大小小的折磨总是难免的，不过我们感情还是那么融洽，那么牢固，到现在年龄大了，火气也退了，爸爸对我更体贴了，更爱护我了。我虽不智，天性懦弱，可是靠了我的耐性，对他无形中或大或小多少有些帮助，这是我觉得可以骄傲的，可以安慰的。我们现在真是终身伴侣，缺一不可的。现在你也长大成人，父母对儿女的终身问题，也常在心中牵挂，不过你年纪还轻，不要操之过急。

今注

爱情如同大海的礁石，要经过海水的常年冲刷才会变得光滑圆润。两个人在一起要三观契合，要多理解对方，要多包容和体谅彼此，这样才能和睦融洽，一起进步，才能恩爱如初、相伴到老。

好的伴侣之间是平等、尊重、

包容、体谅的。

第26课 懂得谦让，让你收获好人缘

吃些谦让的苦没坏处

节选 杨继盛《谕应尾、应箕两儿》

与人相处之道，第一要谦下诚实。同干事则不避劳苦，同饮食则勿甘甜美，同行走则勿择好路，同睡寝则勿占床席。吾宁让人，勿使人让，吾宁容人，勿使人容；吾宁吃人亏，勿使人吃吾亏；宁受人气，勿使人受吾之气。

大意

与别人相处之道，第一要谦虚诚实。一起做事时不能怕吃苦，一起吃东西时不能只挑美味的，一起走路时不要只走好走的地方，同睡一间屋子时不能只睡好的床铺。宁可谦让别人，不要让别人谦让自己；宁可包容别人，不要总是让别人包容自己；宁可吃别人的亏，不要让别人吃自己的亏；宁可受别人的气，不要让别人受自己的气。

今注

一个自私自利、眼里只有自己的人，是看不到别人的难处的，同样也无法收获友情。平时，我们要主动关心别人，礼让别人，那么在自己有困难的时候，别人也愿意伸出援助之手。

做人谦让，做事和谐

汝守官处小心不得欺事，与同官和睦多礼，有事只与同官议，莫与公人商量，莫纵乡亲来部下兴贩，自家且一向清心做官，莫营私利。

大意

你们在做官期间不可以轻慢的态度对待世事，要和同僚保持和睦礼让的关系，有事情要多和同僚商量，不要和上司官吏商量，不要纵容乡亲到自己管辖之处做买卖获取利益。自己做官要始终清正廉洁，不可谋求私利。

今注

在工作中与同事维持和睦礼让的关系，大家才能齐心协力，共同提升工作效率。在学校里也是如此，要与同学保持和睦谦让的关系，不要什么事都斤斤计较。大家相处融洽，才能在学习的过程中相互帮助，共同进步。

节选　范仲淹《告诸子及弟侄》

温良恭俭让，受益终身，福泽百年。

谦恭勤俭，长久立身

居官不过偶然之事，居家乃是长久之计。能从勤俭耕读上做出好规模，虽一旦罢官，尚不失为兴旺气象。若贪图衙门之热闹，不立家乡之基业，则罢官之后，便觉气象萧索。凡有盛必有衰，不可不预为之计。望夫人教训儿孙妇女，常常作家中无官之想，时时有谦恭省俭之意，则福泽悠久，余心大慰矣。

大意

做官不过是一时的事，居家才是长久的状态。能在勤俭耕田、勤奋读书上开创一个好局面，即使哪天辞了官，也还是一番兴旺的景象。如果贪图衙门里的热闹，不在家乡立下基业，那么辞官之后，就会觉得气象萧条了。凡事有盛必有衰，不可不提前做打算。希望夫人教育儿孙等晚辈，要当作家里没人做官，时刻有谦让、恭敬、节俭的想法，那么就会给后代带来永久的幸福，这样我心里就很高兴了。

今注

谦让、恭敬、节俭不仅能使家族繁荣昌盛，还能为后代带来福祉。只有懂得谦让、恭敬，才能长久受益；相反，飞扬跋扈、仗势欺人，就会损耗人缘，没人愿意接近，到头来什么也得不到。

第27课 有责任，有担当，心怀世界和未来

救国责任不可逃避

节选

吾今拟与政治绝缘，欲专从事于社会教育，除用心办报外，更在津设立私立大学，汝毕业归，两事皆可助我矣。若能如此，真如释重负，特恐党人终不许我耳……当失意时更不能相弃也。作今日之中国人安得不受苦，我之地位更无所逃避。

大意

我现在准备与政治绝缘，想专心从事于社会教育，除用心办报外，还在天津设立私立大学，你完成学业回国之后，在这两件事上都可以帮助我。如果能这样，真是如释重负，只是恐怕党人始终不答应我……当失意时更不能互相抛弃。作为今天的中国人怎么能不受苦，我承担的救国责任无法逃避。

今注

梁启超在这封家书中，表达了以教育救国的想法。他以“天下兴亡，匹夫有责”的责任和担当，谆谆教导女儿，希望女儿帮助自己振兴教育事业。他不仅努力承担社会责任，对儿女的教育也是身体力行，用家书和行动激励着孩子们。

心怀家国，你我之责

我辈读书人，入则孝，出则弟，守先待后，得志泽加于民，不得志修身见于世……

大意

我们这些读书人，在家应孝敬父母，在外应尊敬兄长，守住先人的美德，以待传给后人。得志时，就把恩泽施予百姓；不得志时，就修养身心，将良好的的德行展现给社会。

今注

家国情怀是中华民族的传统美德，是一种责任，是我们奋斗的理想和追求的目标。我们应从小培养家国情怀，例如努力提升自身品德修养，关爱兄弟姐妹，尊敬父母、老师，热爱祖国优秀的传统文化，关心国家大事并付诸行动，这些都是有家国情怀的表现。

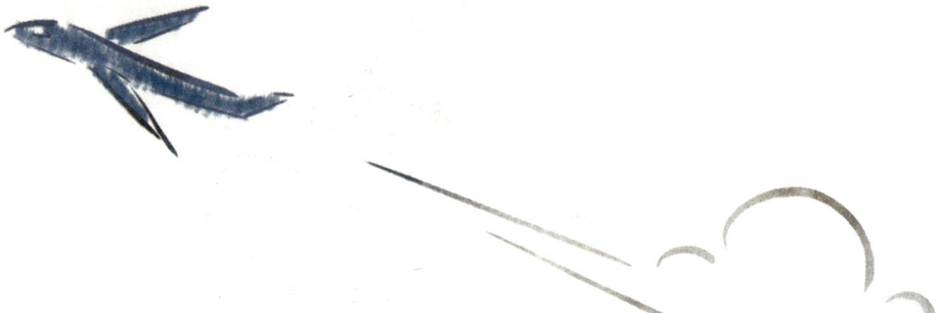

有担当者
不畏惧每一段旅程

人生的每个阶段都是一边学一边过的，从来没有一个人具备了所有的（理论上的）条件才结婚，才生儿育女的。你为了孩子而惶惶然，表示你对人生态度严肃，却也不必想得太多。一点不想是不负责任，当然不好；想得过分也徒然自苦，问题是彻底考虑一番，下决心把每个阶段的事情做好，想好办法实行就是了。

今注

人生就是由一段又一段的“旅程”构成的，每个阶段都有我们应该承担的责任。幼年时期健康快乐成长；青少年时期好好学习，用心积累；长大成人之后努力工作，照顾家庭；步入老年平心静气，颐养天年。人生每一阶段都是独特的，不必畏惧，坦然地面对，微笑着去学习和领悟，踏实地走好每一步，就足够了。

父母担负家庭教育之责任

吾今舍安乐而就忧患，非徒对于国家自践责任，抑亦导汝曹脱险也。吾家十数代清白寒素，此乃最足以自豪者，安而逐腥膻（shān）而丧吾所守耶？此次义举虽成，吾亦决不再仕宦，使汝等常长育于寒士之家庭，即授汝等以自立之道也。

大意

我现在舍弃安乐而靠近忧患，不仅是对国家履行责任，也是引导你们脱离危险。我们家十几代清白寒门，这是最足以感到自豪的，哪能因为追逐丑恶污浊的事物而丧失了我所坚守的呢？这次起义虽然成功了，我也决不会再做官，让你们常滋养在贫寒的读书人的家庭，就是教授你们自立成长的道理。

今注

父母有担当，孩子才有责任感；父母以身作则，孩子才有好习惯；父母正确教育，孩子才有好品行。父母是孩子成长道路上最重要的引路人。梁启超将责任和担当投向了教育子女。他以身作则，乐观而自律，鼓励孩子们多读书、勤学习，希望孩子们在乱世之中仍能坚守自己的初心。

第28课

真诚的人，到哪儿都受欢迎

风俗教化必以真诚为本

禁奸吏必止其邪心，不徒革面。为政必以风化德礼为先，风化必以至诚为本。民讼既简，每日可着一时工夫，详与理会，因训道之，使趋于善，且以风动左右，不无益也。

大意

要禁止奸诈的官员做坏事就要从根本上消除邪念，不能只是改变表面。为官务必以风俗教化的方式宣扬道德礼仪为基本，而风俗教化又必须以真诚为根本。民间的诉讼案件日益减少，每天可抽出一些时间去接触百姓，通过教化，引导他们向善，并且以身作则为身边的人树立榜样，让人们主动效仿，是非常有好处的。

今注

利用奸邪虚伪，只能得到短暂的支持；坚守真诚善良，才能赢得长久的掌声。保持真诚的态度，与人为善，传递温情。对于我们的成长和发展来说，一个充满真诚和友爱的学习环境，无疑是非常重要的。

节选 胡安国家书

为人真诚，不盲目自爱

节选

真诚是第一把艺术的钥匙。知之为知之，不知为不知。真诚的“不懂”，比不真诚的“懂”，还叫人好受些。最可厌的莫如自以为是，自作解人。有了真诚，才会有虚心，有了虚心，才肯丢开自己去了解别人，也才能放下虚伪的自尊心去了解自己。建筑在了解自己了解别人上面的爱，才不是盲目的爱。

今注

真诚是一个人的立足之本，它要求我们对自己保持诚实坦荡，不自以为是，不妄自菲薄。真诚地接纳自己的不足，承认自己的问题所在，并虚心做出改变。在此基础上，才能更好地了解他人，理解他人，关爱他人。真诚地对待别人，也会受到别人的尊重和信任。

用真诚
感动他人

真诚要恰当地表达出来

十二日，安五来营，寄第二号家信，亮已收到。治军总须脚踏实地，克勤小物，乃可日起而有功。凡与人晋接周旋，若无真意，则不足以感人。然徒有真意而无文饰以将之，则真意亦无所托之以出，《礼》所称“无文不行”也。余生平不讲文饰，到处行不动，近来大悟前非。弟在外办事，宜随时斟酌也。

大意

十二日，安五到军营寄去第二封家信，想必已经收到了。治理军队总要脚踏实地，从小事做起，才能一天天积累起来，最后建立大功。凡是与别人接触周旋，如果不能以诚相待，就不足以打动别人。但如果仅仅有诚意，而没有面子上的客套来表现，那么诚意也无从表达，这就是《礼记》里所说的“没有文饰行不通”。我生平不讲究文饰客套，因此到处行不通，近来大悟，明白自己以前的过失。弟弟在外办事，应该时时考虑。

今注

与人交往中，以诚相待才能建立信任。但仅仅有真诚的态度是不够的，还需要以恰当的方式表达自己的真诚之意。认真倾听他人的想法和需求，对他人关心和尊重，是真诚；微笑面对他人，表达善意和友好，是真诚；态度谦虚，不炫耀，友好平等地与人交流，也是真诚。

第29课

包容是处世的大智慧

节选

严于律己，宽以待人

我只想提醒你几点：第一，世界上最有力的论证莫如实际行动，最有效的教育莫如以身作则；自己做不到的事千万勿要求别人；自己也要犯的毛病先批评自己，先改自己的。第二，永远不要忘了我教育你的时候犯的许多过严的毛病。我过去的错误要是能使你避免同样的错误，我的罪过也可以减轻几分；你受过的痛苦不再施之于他人，你也不算白白吃苦。

今注

我们在对别人提出要求的时候，自己要先做到；批评别人的时候，也要先反省一下自己有没有同样的问题。无论生活、工作还是学习，这是对自身的认识和要求，也是对他人的尊重和包容。

包容他人，也放过自己

往年心中愧悔之事，与官场不和之事，近亦次第消融而弥缝之。惟七年在家度量太小，说话太鄙，至今悔之。此外方寸尚泰然也。

大意

往年心中惭愧悔恨之事、与官场不和之事，近来也能逐渐消除弥合了。只有咸丰七年在家时，度量太小，说话太刻薄，至今后悔。除此之外，心中还是坦然的。

今注

包容是放下不和，放过他人，也与自己和解。包容的背后蕴含的是坚强和爱心，是博大的胸怀。生活中，不是所有的人都与我们志同道合，不是所有事情的结果都称心如意。无论我们喜不喜欢，都要坦然接受。调整好自己的心态，学会包容，心中会更舒坦。

成事者无不宽容敬畏

圣门教人不外“敬”“恕”二字，天德王道，彻始彻终；性功事功，俱可包括。余生平于“敬”字无工夫，是以五十而无所成。至于“恕”字，在京时亦曾讲求及之。近岁在外，恶人以白眼藐视京官，又因本性倔强，渐近于愎。不知不觉，做出许多不恕之事，说出许多不恕之话，至今愧耻无已。弟于“恕”字，颇有工夫，天质胜于阿兄一筹。至于“敬”字，则亦未尝用力，宜从此日致其功，于《论语》之“九思”，《玉藻》之“九容”，勉强行之。临之以庄，则下自加敬。

大意

圣人教导人们不外乎“敬”“恕”两个字，天德、王道，贯通始终；修身养性的功夫和治事的功夫，也全都可以包括。我生平在“敬”字上没下过什么功夫，因此到了五十岁还一事无成。至于“恕”字，我在京城时也曾讲究追求过。近些年在外，讨厌人家总翻白眼藐视我这个京官，又因为本性倔强，渐渐变得固执任性，不知不觉做出许多“不恕”的事，说出许多“不恕”的话，至今羞愧不已。弟弟在“恕”字上很有造诣，天性胜过我一筹。至于“敬”字，弟弟也未曾用心，应从现在开始每日努力，对于《论语》中的“九思”，《玉藻》中的“九容”，要努力做到。在下属面前庄重，下属自然会敬重你。

今注

年少时，我们往往血气方刚，对于某些事情容易争强好胜，甚至因此伤害到彼此。要知道大海既容纳了清澈的水，也容纳了浑浊的水，成就了浩瀚无边。包容不是忍让，也不是懦弱，是理解他人的难处，体谅他人的过错，是人生必备的修养。我们要学会理解和包容他人，以更加成熟和善良的态度面对生活中的各种挑战。

宽容是一种海纳百川的气概。

第30课

诚实守信，是成功最好的伙伴

诚以养德，信以立身

恭为德首，慎为行基。愿汝等言则忠信，行则笃敬，无口许人以财，无传不经之谈，无听毁誉之语。闻人之过，耳可得受，口不得宣，思而后动。若言行无信，身受大谤，自入刑论，岂复惜汝？

大意

谦恭是培养品德的开始，谨慎是做事的基础。希望你们说话诚实可信，行为忠厚恭敬，不要空口许诺给别人钱财，不要传播缺少依据的言论，不要听信别人诽谤或赞美的话语。如果听到别人的过错，耳朵听进去就行了，嘴上不要讲出去，做事前要深思熟虑。如果说话做事不讲诚信，就会受到严厉的指责，甚至会受到酷刑处罚，到那时谁还会怜悯你们呢？

今注

诚实守信是一个人最基本的道德品质，也是与人相处的基本原则。诚实守信是借别人的东西及时归还，诚实守信是交朋友不说谎、不欺骗，诚实守信是工作中不遮掩问题、不夸大成绩……

节选　羊祜《诫子书》

节选

不诚信，难自安

外间求作文、求写字者，求批改诗文者，往往历久而莫偿宿诺，是以时时抱疚，日日无心安神恬之时。

大意

外面来求作文章、求写字、求批改诗文的人，往往过了很久我都不能兑现许下的诺言，因此时时心怀内疚，天天没有心神安宁的时候。

今注

人无信不立，无信难自安。诚信是做人的基本准则，是与人交往应遵守的基本道德规范。对于未兑现的承诺，我们应时刻铭记在心，一旦有机会，立刻付诸行动。内诚于心，外诚于人，言而有信，才能赢得他人的信任，才能在社会立足。

诚信为立身处世之本

立志以明道，希文自期待；立心以忠信，不欺为主本；行己以端庄，清慎见操执；临事以明敏，果断辨是非；又谨三尺，考求立法之意而操纵之：斯可为政，不在人后矣，汝勉之哉！治心修身，以饮食男女为切要，从古圣贤，自这里做工夫，其可忽乎？

大意

立志领会圣贤之道，期待自己能成为范仲淹（字希文）一样的人；居心忠厚守信，以诚实为立身处世之根本；行为端庄稳重，操守清廉谨慎；处理事情精明敏捷，果断辨别是非；考求立法的原意，谨慎执法：以此为官做事，你的政绩就不会落后于人了，你自我勉励吧！修养身心，要以人的基本需要为主，自古圣贤都由此入手下功夫，怎可忽视呢？

今注

在这封家书中，胡安国主要跟儿子讲了为官的原则，为官要"立志"，要忠诚守信，明辨是非，遵守法则。可见诚信为立身处世之本，自古圣贤皆信守之。作为学生，要遵守学校规定，不违纪不作弊；经营企业，要正规生产，不掺假造假……人人都应如此，从一点一滴做起，践行诚信。

节选　胡安国《与子寅书》